縦ログ構法の世界

森・まち・産業を支える 新しい建築のつくり方

縦ログ構法研究会 編

THE WORLD OF TATÉ LOG BUILDING SYSTEM

建築資料研究社

JN171575

はじめに

「縦ログ構法」は、木材を地域の工場で一定の大きさに切り揃え結束し、木の壁（パネル）をつくり、建築を建てる構法です。木材を横にして積んでいたものはログハウスで、これを縦に並べたから「縦ログ」と名づけました。私たちは2011年の東日本大震災以降より開発を行い、実用化しています。本書は、この「縦ログ構法」の思想からつくり方まで、現時点でのすべてを詰め込んだ1冊です。

　なぜ私たちが、書籍を通して「縦ログ構法」を広めようとしているのか。それは、この無垢材「打放し」の新構法が、森・まち・産業を変える可能性があるのではないかと感じているからです。

　縦ログ構法は、木を塊で使うため、まず国内林業がまわり始めます。また、近年注目を集める加工木質材料のように大きな設備投資を必要せず、在来構法の住宅を生産してきた小規模工務店でも製作可能です。地域の工場でパネルを生産して、需要のある都市圏に出荷します。パネル構法なので、特殊な技能習熟は不要ですし、現場での作業時間が減り、効率のいい働き方ができるようになります。縦ログ構法は、過疎化が進む地域を、小さなネットワークで変えるローテクな構法であり、建築生産の枠組みを大きく変える可能性があります。

　縦ログ構法は、東日本大震災後の地域が生み出した過疎化に抗う社会システムであり、新しいエコシステムでもあります。さまざまな人が、さまざまな地域で取り組むことによって、静かな変革を生むことができると考えています。

目次

1

木材を縦に並べたパネルを使って建築をつくるのが「縦ログ構法」。しかし、ログハウスの材を縦にすることによって何がよくなるのだろう？──これまで、縦ログ構法を紹介してきたなかで多くの人に投げかけられた問いに、第1章で答えます。

　まずは、この構法のもつ建築的な特徴と現在の課題、構法が生まれた背景である東北中山間地、とくに福島県南会津の山の状況を紹介します。

　その後に、縦ログ構法のさまざまな特徴を図説し、技術的・計量的な面での特徴や、混同されやすいその他の木質構法との違いに触れています。また、縦ログ構法がどのようにつくられるのか、山での切り出しから建築になるまでを、実際の写真とともに紹介します。

Potential of Taté Log

縦ログ構法とは何か？

難波和彦

[建築家／難波和彦・界工作舎 代表
／東京大学名誉教授]

What is Taté Log
Building System?

縦ログ構法の定義と目的

最初に、縦ログ構法とはどのような構法か、簡単にまとめておこう。縦ログ構法とは、製材所や工務店などの作業場で、標準サイズの木材3–4本をボルトによって緊結し、運搬可能なサイズにユニット化した縦型の壁パネルを現場まで運び、乾式構法によって組み立てる、きわめて簡便な、一種の工業化構法である。この構法は、丸太や標準ログ材を横に積み上げる従来の横ログ構法（丸太組構法）から派生した新しい構法である。両者は、無垢の木材

を壁状の耐力壁とする点では同じ構法だが、横ログ構法は木材を横に積み上げるが、縦ログ構法は縦に並列させる点で異なる。

　縦ログ構法の目的は、通常の標準木材を大量に使う点にある。在来の軸組構法に比べると、縦ログ構法では2倍以上の木材を使うことになるので、当然構造体のコストは増加する。しかし、外壁仕上げ、内装仕上げを兼ねるだけでなく、断熱性能と蓄熱性能を備えているので、総合性にはローコストが実現可能になるのである。

横ログ構法との相違点

日本人は、横ログ構法に対して山小屋やロッジ風といった固定したイメージをもっている。それは、木材による凹凸のある外壁の仕上げや、構造的な条件のために、出隅や入隅に現れるX字型の接合がもたらしたイメージのように思われる。そのようなステレオタイプのイメージが確立しているために、横ログ構法によって建てられた建築は、都市建築として見るとやや違和感があることは否めない。これに対して、縦ログ構法には、そのような特殊な納まりはないので、都市建築としても違和感はない。縦ログ構法の開発には、そうしたログ構法の従来のイメージを払拭する意図も込められている。

横ログ構法の問題点

両者には、構法や性能にも大きな相違点がある。木材は繊維方向の収縮率は比較的小さいが、それに比べると繊維に直角方向の収縮率はかなり大きい。いわゆる「木が痩せる」という現象である。横ログ構法では、横に積み上げた木材の乾燥収縮に加えて自重による収縮があるので、時間が経つとドアや窓などの開口部の鉛直方向のサイズがかなり縮んでくる。そのため既製の開口部品は、横ログの収縮で部品を変形されないように、必ず横ログ面からズラして取り付ける必要がある。さらに複数階の建物の場合には、収縮により階高が変わるので、階段や設備類の配線配管にも注意しなければならない。これに対して縦ログ構法では、壁パネルの木材を縦方向に使うので、鉛直方向の収縮はほとんど問題にならない。ただし時間が経過すると、パネル化された木材の幅が乾燥収縮し隙間が生じるので、気密性をいかに高めるかという課題がある。

縦ログ構法の強度

縦ログ構法の大きな目的のひとつは、壁構造としての耐震性能の確保である。横ログ構法の構造基準は耐震性を含めてすでに確立されているが、縦ログ構法にはまだ確立した構造

基準がない。そのため、2014年から現在までに、さまざまな種類の壁パネルに対して公的な耐震試験を実施している。2017年3月の時点では、150mm角スギ材を用いた壁パネルで、通常の木造在来構法の壁量計算に換算すると約5倍の耐震性能が得られる見通しが立っている。長ボルトと長ビスによる壁パネルの緊結法、あるいは土台や梁桁への固定法や留金物については、何度かの強度試験を通じてさまざまなディテールが考案されている。しかしながら、床や屋根の構法についてはこれから追求すべき課題である。現在のところ、梁と構造用合板による在来構法が暫定的な回答である。

縦ログ構法の性能

木の角材をそのまま壁パネルに使用することには、いくつかの利点がある。木材にはある程度の断熱性がある。スギ材の場合には180mmの厚さがあれば、関東地方の次世代省エネ基準の断熱性能を達成できることが確認されている。とはいえその先の省エネ化を見越した断熱性能レベルとしては、それではやや不足気味である。また、木材には適度な調湿機能があるので、室内仕上げとして使用した場合には、見た目の心地よさだけではなく、断熱性や結露防止性などの性能でも優れた点が多い。さらに、スギ材はある程度の防火性能を備えている。これまでに実施した実物大パネルによる耐火試験によれば、壁パネルの燃焼速度は1分間に1mm厚、1時間に60mm厚の炭化が測定され、この結果、準防火地域における防火認定を受けることが可能になっている。

縦ログ構法の標準化

縦ログ構法に使用する木材は、市場に流通している通常のサイズの標準木材である。標準木材の性能はJAS規格によって各種の性能が規定されているが、在来木造構法は伝統的に確立しているので、法的にも信頼が置かれている。したがって、標準木材はJAS規格に合わせて製材されて流通し、いちいち細かなチェックを受けることはない。縦ログ構法は、そのような標準木材を数本ボルト締めしパネル化したユニットを組み立てる構法なので、材質的な問題はすでにクリアしていると考えられる。しかしながら組立構法としての性能を確保するには、構法としてのある程度の標準化は不可欠である。そのために「縦ログ構法研究会」を組織し、縦ログ構法の標準化とマニュアルづくりに取り組んでいる。

縦ログ構法の特性と課題

以上のような縦ログ構法の特性と課題のポイントを列挙してみよう。

01 | 縦ログ構法とは、在来の木造構法で用いられている標準サイズの木材（120mm角、150mm角）あるいはログ標準材（110mm×180mm）を並べ、長ボルトと長ビスによって緊結しパネル化した壁ユニットを組み合わせる簡便な工業化構法である。

02 | 壁ユニットを必要な長さにボルト締めし、土台や梁桁に専用の留金物によって固定する。接着剤を使用しない完全な乾式工法なので、後の解体移築や木材の再利用が容易である。

03 | 切り出した木材を標準サイズに製材し、ある程度乾燥させた上で、長ボルトとビスによって壁パネル化するので、地場の製材所や大工の小さな作業場において対応できるローテクな構法である。

04 | その点で、高性能な加工機械を備えた広大な工場を必要とする集成材、LVL材、CLT材を用いるハイテクな構法とは対照的な構法といえよう。

05 | 縦ログ構法の壁パネルは、1時間準耐火構造の耐火性能をもち、ある程度の断熱性能と調湿性能も備えている。

06 | 乾燥による収縮で生じる気密性の低下に対しては、構造壁を二重にするか、仕上げの木パネルを追加する必要がある。さらなる断熱性の向上のためには、壁パネルの二重化に合わせて、断熱パネルを追加することも必要となるだろう。

07 | 断熱・気密層を室外側に確保するか、室内側に確保するかによって、配管配線ゾーンの取り方が変わるだろう。性能面では前者が、配管配線面では後者が有利である。

08 | 住宅のようなヒューマン・スケールでコンパクトな箱型空間にふさわしい構法といえよう。

09 | 都市建築としての防火性能を備えているので、内外が木材で仕上げられた、コンクリート打放し仕上げならぬ、「木打放し仕上げ」の新しい街並景観を形成できる可能性を備えている。

10 | 以上のように、地場の林業に直接的に結びついたボトムアップ的な構法である点に、縦ログ構法の最大の可能性があると考えられる。

11 | 以上のような特性を踏まえて、縦ログ構法の今後の普及のためには、構法としての標準化と使用マニュアルの作成が早急に望まれている。

森が生み出した新しい木質構法

芳賀沼 整

［建築家／はりゅうウッドスタジオ 取締役］

Forest Created
New Wooden Building System

地方の山と製材所の実態

福島県南会津——私が生まれ育ち、今も拠点としている場所だ。林業を生業とする両親の元に生まれた私は、建築家として生きるよりも長く、林業や製材所と関係してきた。1960年頃の林業・製材業が華やかな時代から、継承者がいないまま将来が見えずに、廃業を決意するタイミングを図っている現状まで見続けてきている。縦ログ構法は、そうした身に沁みついた切実さと、建築家としての役割をまっとうしようという考えから生まれたのであった。

かつての地方の山間部や中山間地域は、建築に規格化と精度を求める現代とは違い、払い下げた電柱でさえ貴重な建築資材と考えられていた。構造が成り立つことや、風雨を凌ぐことを条件として、外壁や建具の仕様が決められていたのだ。曲がりくねった道路脇には、移動可能なエンジンを改造した大型電動丸ノコが設置されていて、首から膝まで長くのびた前垂れをかけた職工さんが、現代では考えられないほどに非効率的に仕事をしていた。その後、電動で帯鋸を使ったベルトソーが普及し建築材料の規格化されたことによって、各地に散らばっていた製材所は現在の形態として集約・淘汰されていった。そして今、プレカット工場の大型化と機械化によって、地方の製材所は生き残るために、伐採・製材・運搬などの流通の再編に迫られている。

資産としての森

戦後すぐの地方では、人工林も自然林も地域の財産として、都市部の不動産よりも価値のあるものとして捉えられていた。1960年代には、日本全土を戸建住宅ブームが覆い、山間地で積極的に針葉樹を中心とした植林が行われた。しかし、やがて流通が発達し安価な輸入材が入ってくるなどの影響から原木の買取価格は下落。いつしか、山が価値のないものとして捉えられるようになった。共有林の払い下げや地区単位での財産区の設立によって形式だけは整理されたが、代が変わり、森林継承者が境界を確認することがなく、持ち主

不明の森林も珍しくない。社会も所有者も森林への関心が薄れてきているのが現状だ。

　森林の価値を低く見る人たちは、伐採から搬出の労力やコストを原木の売却価格から差し引くと、ほぼゼロか赤字になると考える。とくに抵抗する策もないまま、森林の活用を諦めるケースがほとんどだった。これらは、プレカット工場の買取価格が低いということだけでなく、自分たちの持ち山を伐採し搬出する労力に見合う価値観がつくり出せない、という意味としても捉えることができる。

　こうしてできる里山付近の放棄人工林は、間伐をしないために鬱蒼と繁り、下生えが育たずに地滑りや洪水を引き起こしやすくなる。長い目で見れば天然林に戻ってゆくのだろうが、そのためには何百年という月日を要するから、我々からしたらそれをただ待ってはいられない。一度手を入れてしまった山に人は関わり続けなければいけないのだ。しかし、こうした森林の手入れを枷として後ろ向きに捉えるのでなく、環境として財産として受け入れるべきだろう。森林は一時の繁栄を生む単なる資源ではなく、われわれの生活を守り、豊かさをもたらす環境なのだ。

森を活かす構法

森に植えられた50–60年生のスギ材に付加価値をつけることが、縦ログ構法開発の理由ひとつになっている。縦ログ構法の住宅は一定規模の木材を消費する。なおかつ、中大規模の建物に対応した耐力壁の耐震強度をもつため、さらに大量の木材使用が見込める。

　効率化優先で使用木材量を極力減らして考える軸組構法のプレカットの工場ラインと逆行しているかもしれないが、彼らの考えは決して森へは向いていない。縦ログ構法は、建築と林業が太くつながることで、軸組構法が生み出せなかった価値をつくる。時代に流される大量消費ではなく、計画的な消費によって適切な暫定的消費量を計測する。

　そのために、まずは地域で伐採した木材を、地域の製材所で加工しネットワークをつくることから始める。その後、次第に効率化を図りつつ、地域循環システムをつくり、人工林を計画消費することによって、サスティナブルな地域林業経済が確立できるだろう。なにより、山村の住民の生活や意識を守ることが、過疎化の抑制を促すささやかな抵抗となると考えている。

南会津町針生地区から眺める七ヶ岳

解説：縦ログ構法

はりゅうウッドスタジオ

An Introduction
to Taté Log Building System

1 ［生産］
木材の確保・生産が容易

縦ログ構法で製作する木パネルは、150mm角程度の正角材、あるいは平角材を結束してつくります。この規格は、在来構法の柱など使用されるサイズであり、地方にある製材所で加工・出荷することができます。

　縦ログ構法の材料が、地方の中小規模の製材所でも製作しやすいということは、建設業者や施主にとっても安価に材料がまかなえるというメリットがあります。また、木材の使用量が在来構法よりも2倍ほど多いため、製材所あるいは林業者へも利益を多く生み出します（その分、仕上げや工賃が下がるため全体の建設費は在来構法とあまり変わらない）。

2 ［構法］標準化された簡易な構法

製材後、木材は2–11本程度を束ねてパネル化します。パネル化の作業は工務店などの工場で行い、現場ではこのパネルを組み立てて建築をつくります。

　縦ログ構法は、製作工程の標準化——つまり、高性能な建築をあらゆる場所で同じように簡単につくれるようにという考えのもと、開発された構法です。そのため、木材のパネル化は非常に簡単で、現場での組み立ても高度な技術を要しません。技術継承や人手不足が課題となる地方の工務店でも、高性能でデザイン性の高い建築を簡単につくることができます。工程が簡易化、短期化することで、工務店がよりたくさんの建設に携われるようになります。また、施主にとっても、コストに比して性能が高く、よい空間の建築を得られるため、より満足していただけることでしょう。

3 ［構法］在来構法をベースとした汎用性の高さ

縦ログ構法は、パネル構法ですが、法規・構造の考え方は在来軸組構法に則っています（パネルの両端にくる木材を柱とみなした、柱付きパネルとなっています）。そのため、開発の過程で壁倍率の大臣認定を受けており、在来構法に組み込んでの構造計算・確認申請が容易に行えるようになっています。

　また、丸太組構法の場合は、ログが自重で下がるため、在来構法の一部分に丸太組構法を組み合わせることが難しいです。その点、縦ログ構法は、建物の壁のすべてを縦ログ構法パネルとしなくても、在来軸組構法を主にしながら部分的に縦ログの壁パネルを使うこともできます。

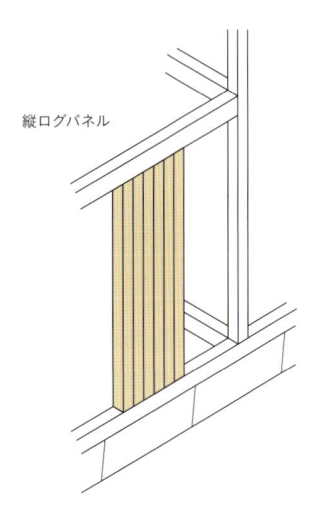

縦ログパネル

在来構法の軸組のなかで縦ログパネルを使うことができる

4 ［防火性］木あらわし仕上げができる「準耐火構造」

縦ログ構法の空間的な最大の特徴は、防火の規制のなかで、「木打放し」ともいえる量感のある木あらわし仕上げの空間・外観ができることにあります。このような仕上げができるのは、縦ログパネルが優れた準耐火性能をもつためです。

　縦ログパネルは、壁としては2つのタイプにおいて、準耐火構造（1時間）の国土交通大臣認定を受けています（準耐火構造とは、壁・柱・床その他の建築物の部分のうち、準耐火性能に関して政令で定める技術的基準に適合するもの）。縦ログパネルは、それぞれ片側から1時間火を当て続けても、燃え抜けずにパネルが壊れないという試験にクリアしました。たとえば、準耐火構造の大臣認定により、次のような条件下などで、縦ログパネルを木材あらわしで使用することが可能です。

1時間準耐火試験後の試験体の様子。1時間に60mm燃え進む。黒く炭化した層が延焼を防ぐ

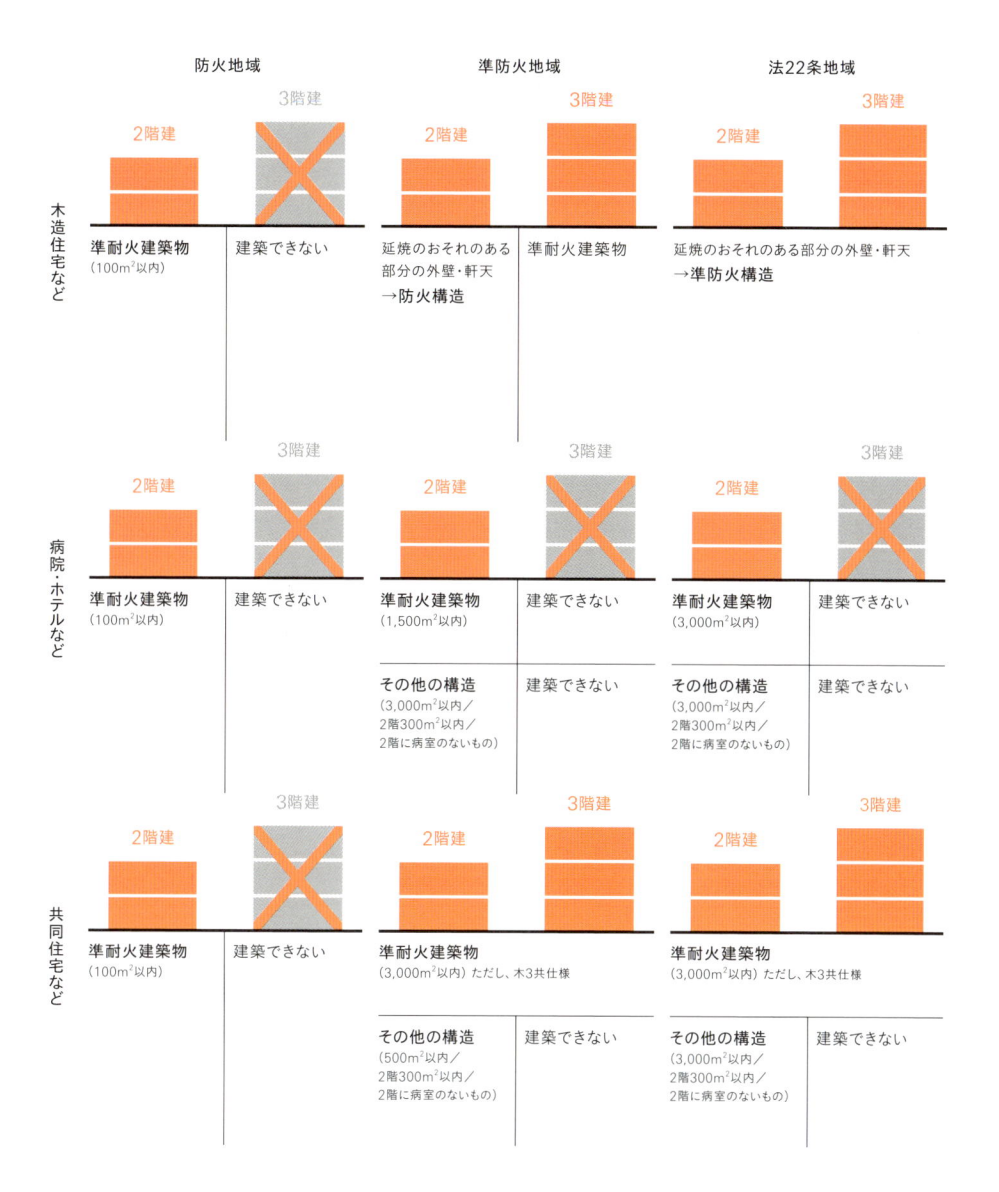

① 22条地域、準防火地域での延焼のおそれのある部分の外壁

② 特殊建築物で準耐火構造が求められる場合等　※上図参照

現在のところ、内外を木あらわしにできる準防火構造認定を取れている構法は、丸太組構法を除いて、他にはほとんどありません。内部を木あらわしにすることで、心地よい室内空間ができ、外部が木あらわしの建築が増えることで、自然素材に囲まれた街や都市をつくることができます。

5 ［耐震性］壁倍率の大臣認定も取得

3でも書いたように、縦ログパネルは壁倍率の大臣認定を得ています。2014年から開発当初は、壁倍率2.0倍でした。その後、パネルの接合方法を工夫することで、約4.7倍まで耐力を増すことができています。2017年現在は、中大規模の建築でも縦ログパネルが使えるように、より高さがあり、より高い壁倍率相当のパネルを開発しています。これにより、3階建てくらいまでの集合住宅や、中低層の施設などへも使用可能になってきています。

(社)日本住宅・木材技術センターにおける試験の様子

壁倍率 最大**4.7**倍

スギ材

ほぞ

スギ材150×150

土台150×150以上

耐力壁パネル構成図

6 これまでの構法との違い

ログハウスとの違い —— 新しいログ空間

縦ログパネルは、ログハウス（丸太組構法）の壁の材を縦にしたものともいえ、木をふんだんに感じられるなどログハウスのよい点を縦ログ構法の建築ももっています。一方で下記のような特徴の違いもあります。

丸太組構法は、木を積み上げて建物をつくるため、汎用性という部分では難しさがありました。構法としても非常に個性が強く、たとえば、出隅に「ノッチ」と呼ばれる出っ張りが出るため山小屋風に見えたり、乾燥が進むことで壁の縮小化「セトリング」が起こるため建具まわりに隙間を事前につくっておく必要がありました。縦ログ構法は、丸太組構法のよさを引き継ぎつつ、これらの課題を解決する構法として考えられました。

　縦ログ構法では、このような課題を解決したほか、壁式構造ではなく、在来構法をベースにした軸組構造として発展させることで、自由度の高い構法とすることができました。たとえば、部屋の大きさ、窓の取り方などで、丸太組構法よりも自由度を発揮します。

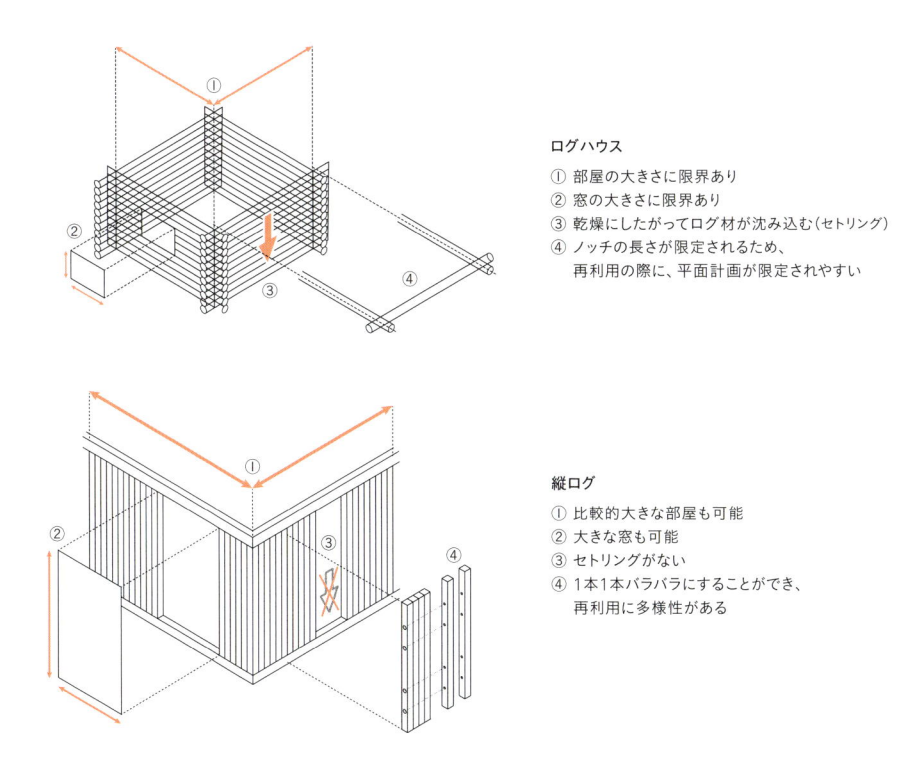

ログハウス

① 部屋の大きさに限界あり
② 窓の大きさに限界あり
③ 乾燥にしたがってログ材が沈み込む（セトリング）
④ ノッチの長さが限定されるため、
　再利用の際に、平面計画が限定されやすい

縦ログ

① 比較的大きな部屋も可能
② 大きな窓も可能
③ セトリングがない
④ 1本1本バラバラにすることができ、
　再利用に多様性がある

在来構法との違い —— パネル化で現場工期を少なくする

着想は丸太組構法ですが、開発は在来構法をベースとしているため、そのよい特徴を多々引き継いでいることはすでに紹介した通りです。製材から設計、建設まで、日本の工務店が最も慣れ親しんだ在来構法をベースにすることで、取り組みへのハードルを下げています。在来構法との違いとしては、乾式パネル工法による建設の簡易さと工期の短期化が望めること、「木打放し」の量感ある木あらわしの高性能な空間がつくれることといえます。

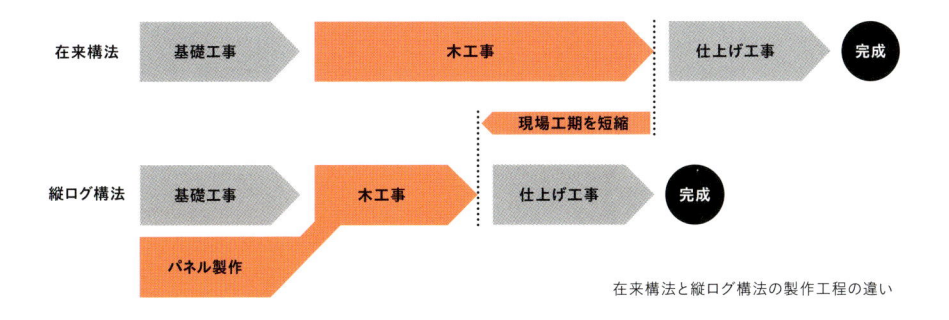

在来構法と縦ログ構法の製作工程の違い

CLT構法との違い —— ローテクから広がること

CLTは、Cross Laminated Timber（クロス・ラミネイティッド・ティンバー）の略で、板の層を各層で互いに直交するように積層接着した厚型パネルのことです。昨今の日本の政策では、中大規模の建物を、このCLTパネルを用いて木造化しようと開発が進められています。木材を合わせて木質パネルをつくる点では縦ログ構法と似ていますが、目的や得意な分野は異なってきます。

　まず、パネルのつくり方についてですが、CLTパネルは、木を接着剤で貼り合わせてつくるため、最新鋭の大規模工場でハイテクの加工機械によってつくり、大量生産をすることが前提です。一方で縦ログパネルは製材所と工務店の連携でローテクな機械・技能によってつくられます。ローテクでできるからこそ、日本全国、どこの地域でも生産することができ、その結果地域に産業が根付いてゆくのです。

　また、CLTは、材料を直交させて接着剤で積層し、縦ログは、木の柱をボルトやビスで束ねます。そのためパネルの表情の違いもあります。縦ログは、木材の辺材の比較的綺麗に見える部分が表に出てきます。

　防火性能においても、火災でパネルが燃えていく時に、縦ログは材を直交させて積層させるCLTに比べて鉛直力に耐えられる部分が多いなどの利点があります。

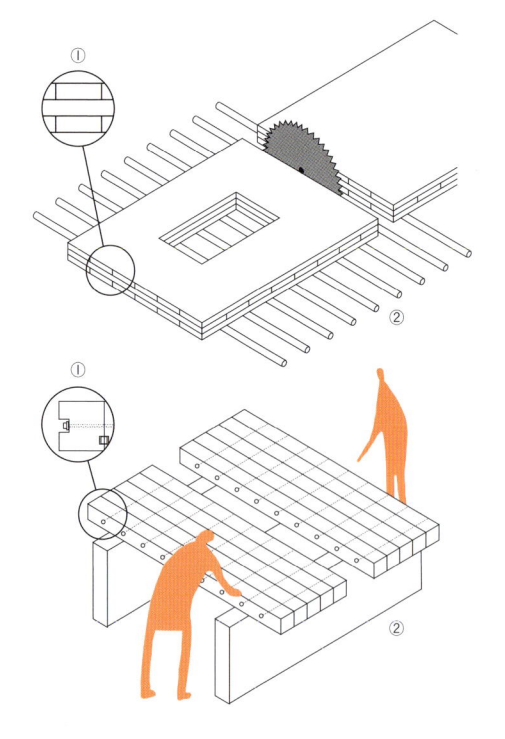

CLT
① 接着剤による固定
② 大規模工場における加工

縦ログ
① ボルト、ビスによる固定→再利用しやすい
② ローテクによる小さな工場での加工

7 [生産]森の再生・地域の再生にも資する構法

現在、日本の森林は間伐不足によって、危機を迎えています。一度つくった人工林は、手を入れ続けなければ、荒廃してゆき、土砂災害などを引き起こす原因となります。また、管理が行き届かなければ、山から木を引っ張り出す費用が一層かさみます。そのため、海外の材木に比べて採算が合わないことから、国産材が流通しなくなり、管理できなくなり、また山が荒れてきていくという悪循環に陥ってきます。このような状況の日本の森林に対して、縦ログ構法は解決を導く可能性をもっています。

　まず、森を再生するためには、木材をたくさん使うことで国産材の利用率をアップさせることが肝要です。縦ログ構法は、在来構法に比べて2倍以上の木材を使用するため、縦ログ構法の利用が増えることで、木材使用率の向上が見込めます。また、できるだけ原木から手間をかけずに製材することで、立木の買取単価をあまり下げないことも大切で、150mm角程度の木材を使用する縦ログ構法であればこの点についても利があります。そうしたことで、森林所有者にも収入が増え、日本の森の管理も少しずつまた回り始めていくと考えています。

　また、縦ログ構法で使う材料は、中小零細規模の製材所でも、コスト的にも出荷しやすい材料です。「縦ログ構法」を軸に技術力を発揮しながら森林所有者や森林組合、大工・工務店と連携していけば新たな展開に踏み出すことができます。

　縦ログ構法のシステムが、過疎化する中山間地の資源を活かし、地域を変えられると私たちは考えています。

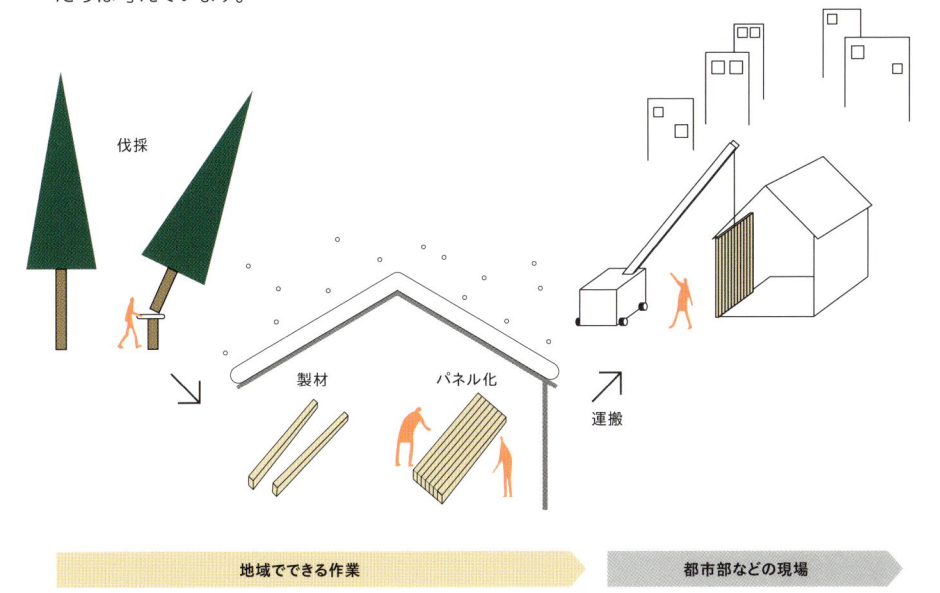

建築工事の工程で地域にできる項目を増やす

縦ログ構法の建物ができるまで

Building Process of Taté Log Building System

1 木の伐採

日本の山には、たくさんのスギが植えてあります。その多くは戦後に植えられた木々です。ちょうど木が水分を吸わない冬の時期に伐採します。

福島県富岡町での伐採風景。
祖父の植えた木を家に使う

2 製材

地域の小さな工場における昔ながらの製材

荒挽きした木材

使用サイズよりも少し大きめ（150mm角の縦ログの場合は165mm程度）に荒挽きをします。乾燥すると木が縮むので少し大きめに挽いておくのです。余った辺材は他の板材などに製材して、無駄なく使用します。

3 乾燥

縦ログ構法においては、乾燥も工程上の重要なポイントです。十分に乾燥しなければ、材同士の隙間が大きくなってきてしまいます。人工乾燥機で14日間、含水率を10%近くまで落とす乾燥をします。

人工乾燥機の中に入れる

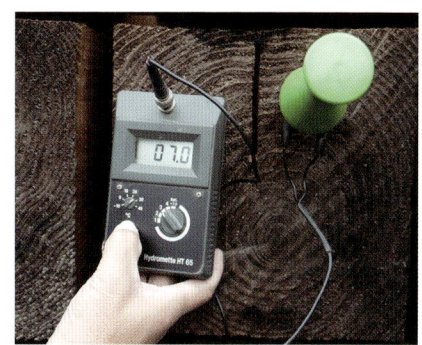

含水率のチェック。乾燥前（左）と乾燥後（右）

4 パネル化準備

溝掘、ほぞ加工、気密性を保つシーリングテープ貼りなど、パネル化の前に縦ログ材の加工をします。

加工が終わったログ材　　　　ほぞ加工。これも大工でよく使う道具を使う

5 パネル化

ログ材をボルトやビスでまとめ、1枚のパネルにする

通しボルトやビスを使って、1本1本のログ材をパネル化します。これで縦ログパネルの完成です。

6 土台・梁材の加工

土台、梁材はプレカット加工で仕上げたもの、または手刻みによって行います。パネルのズレを防ぐように土台や梁材にほぞ加工をします。

土台・梁に溝をつけておく

基礎工事の後の土台敷きの風景

建方も在来構法と同様の建方です。内装材、構造材などを兼ねる縦ログパネルは、建方の時にほどんど建築工事が進みます。パネルを土台に落とし込み、梁を合わせます。電気配線などは、状況に応じてパネル内に先行配管する場合もあります。

7 建方

冬の日の建方風景。現場作業が少なく、厳しい環境でもつくることができた

天井や、その他の部分についての造作工事、電気工事を行います。通常在来構法と比べて、仕上げ工事の期間が短くなります。外部木材があらわしの部分は塗装などをします。

8 仕上げ作業

開口部まわりの造作風景。開口部もユニット化することができる

建物の完成です。スギ材の香りに包まれた空間になりました。

9 完成

木打放しの空間が完成

ポスト3.11の
マルチチュード的な
建築運動

五十嵐太郎

［建築史家・建築評論家
／東北大学教授（都市・建築理論）］

Post 3.11 Multitude
Architectural Movement

2014年3月、東北住宅大賞の審査のために、《はりゅうの箱》を見学した。山奥の雪に耐える建築家の自邸であり、訪問時も屋根の上に、こんもりと雪を載せていた。そして、これはまさに建築家が暮らす実験住宅だった。地産材を活用する新しい縦ログの構法を採用し、環境性能を含む、さまざまな実証実験を行いながら、今後のさらなる性能の向上に努めていたからである。つまり、例外的につくられる単体の建築ではなく、システムと連動するプロジェクトだ。道路側は開口を絞った閉鎖的な表情を見せる一方、4つの正方形を崩しながらつなぐプランによって、庭側は樹木群

への眺望が得られる吹き抜けと大きな開口をもつ。まわりの風景には雪が一面に広がっていたが、室内は暖かく居心地がいい。《はりゅうの箱》は、20世紀半ばのシンプルなモダニズム住宅を彷彿させる空間だが、東京に建てられた家ではない。郡山駅から約2時間半をかかる、豪雪地帯の福島県南会津町に位置している。はりゅうウッドスタジオの事務所はそのすぐ近くであり、事務所に隣接する製材所と連携して設計や施工が行われている。

すなわち、地域に根づいた建築である。この年は《はりゅうの箱》が第7回の東北住宅大賞に選

はりゅうの箱 外観

SDレビュー2010入選案《土かまくらの家》

ばれた。筆者は古谷誠章とこの賞の審査を担当していたが、第10回の節目にこれまでの受賞作の傾向を振り返ると、ポスト震災の住宅が選ばれた第4期にあたる。ちなみに、第8回もみずから被災した建築家（佐々木文彦）が、被災した住宅の建て替えを依頼され、3.11のダメージを受けて公費解体が決まっていた宮城県の古民家と鶴岡の土蔵をダブルで移築再生した《名取の家》だった。もちろん、《はりゅうの箱》は被災者の家ではない。にもかかわらず、ポスト震災の家である。どういうことか。もともとは震災前のSDレビューで入選した当初の案はまったく違うデザインだったが、3.11後に仮設住宅の仕事を経験するなかで、現在の縦ログ構法に変化したからだ。これに先行して、難波和彦と共同しながら被災地である釜石の公園では、仮設の集会所として縦ログによる《KAMAISHIの箱》（2011年）も建設

されている。焼き杉のテクスチャーが印象的な建築だが、解体・再組立が可能であることを提示し、時が経てばすべて廃棄される仮設住宅への問題提起も行うものだ。

地域社会とつながる新しい構法

はりゅうウッドスタジオの活動は震災前から知っていたが、そもそもログを使うデザインを特徴としていたわけではない。だが、3.11後にあらかじめ用意されたプレハブでは足りない未曾有の状況を受けて、さまざまな木造の仮設住宅が登場するなか、彼らは福島の各地にログ材による木造の仮設住宅を工夫しながら数多く手がけた。これらは従来の丸太組構法だったが、筆者も南相馬の仮設住宅地において塔と壁画のある集会所のプロジェクトに関わり、現場を見る機会を得た。

「3.11以後の建築」展に出展された縦ログ構法パネル

周囲のプレハブの仮設住宅に比べて、積層されたログ材が圧倒的にマッシブなヴォリュームをもち、安心感を与えること、また実際に集会所に寝泊まりして、身をもって断熱性能や防音の効果を理解した。こうした一連の試みも踏まえて、より洗練された縦ログ構法が展開されている。注目すべきは、単なる構法のアイデアにとどまらず、地場産材の活用、製作のための雇用を地元にもたらすことなど、地域社会への還元も意識したものであること。さらに、このシステムを特許で囲い込まず、オープンソースとして各地で広げることも視野に入れている。

縦ログ構法による空間の魅力

言うまでもなく、東日本大震災は建築界に激変をもたらした。そして直後からさまざまな活動が生まれ、コミュニティの重要性が語られるようになったこともよく知られている。が、東京の有名な建築家が被災地に通い、メディアがその成果を報道するパターンばかりが目立ち、地元の取り組みがあまり紹介されなかった。筆者の知る限り、はりゅうウッドスタジオ以外に、東北に拠点を置く地元の建築家で、これほど精力的かつ多面的に活動し、しかもさまざまな人間を巻き込んでいる事例はないだろう。ゆえに、筆者が山崎亮とともにゲスト・キュレーターを担当した「3.11以後の建築」展（金沢21世紀美術館と水戸芸術館を巡回、2014–16年）のセクション「災害後に活動する」において、アーキエイド、坂茂とともに、はりゅうウッドスタジオを取り上げた。そして金沢21世紀美術館の会場では、光庭を活用し、耐火実験に使われた縦ログをモノリスの列柱のごとく並べることになった。縦長のプロポーションが空間と

相性がよく、また黒く焼けたテクスチャーが、現代アート作品のようにも感じられ、カッコいいインスタレーションだった。

　本書では、縦ログ構法の特徴、またその素晴らしい点と課題について、多くの説明がなされている。実際、これはひとつのシステムであり、論理的な思考と結びつく。が、それだけでは広がるかどうかは定かではない。モダニズム以降、建築家が工業化住宅や合理的な構法を提案しながら、必ずしもそのすべてが流通したわけではない。イメージや価格など、さまざまな要因がある。たとえば、画期的なセキスイハイムM1にしても、住宅産業が肥大化すると、すぐに宣伝によって家の所有欲を煽る記号をまとった商品住宅に駆逐された。が、これまでに述べたように、縦ログ構法は空間の魅力をもっている。また、その方向性がひとつのパターンに収斂せず、その可能性をさまざまな建築家が多様に引き出していることも興味深い。すでに郡山の《希望ヶ丘プロジェクト》も登場しているが、こうした空間を体験できる場所や機会がもっと増えるといいだろう。また工場での大量生産を前提とした工業化住宅とは違い、会津の山奥で産声をあげたように、縦ログ構法は地域の林業や加工所と連携しつつ、環境の時代にも歩調をあわせるポスト工業化社会の提案である。こうした価値観は共感を呼ぶだろう。

巨大資本に対抗する 多様な個による運動体

東京オリンピック2020のメイン・スタジアムに関して、ザハ・ハディドの新国立競技場案を白紙撤回にした後、仕切り直しのコンペでは、日本らしさを表現すること、木材を使うことが新しく条件として加わった。木材の使用＝日本的というイメージは根強く、さらに木の椅子を導入すること（椅子は近代から入ったもので、むしろ西洋的では？）、地方に献木させることまで検討されており、杜撰な議論である。そもそも木材の大規模建築や実験的な試みは、海外の方が実践している。こうした国が振り回す安直なナショナリズムの言説と縦ログは関係ない。考え方はきわめて合理的であり、地域の産業に根ざし、それぞれが自由に関与していく。そしてうねりが大きくなれば、社会を変革するかもしれない。以上の態度は、国家の枠組みにとらわれず、巨大な資本に対抗していく、多様な個による運動体を意味するネグリ／ハートの「マルチチュード」（アントニオ・ネグリ、マイケル・ハート『マルチチュード』NHK出版、2005年）のような概念を想起させる。

2

縦ログ構法の試み

縦ログ構法は、森や地域産業のためになるだけではありません。縦ログ構法によってつくられる空間は、まさに「木打放し」といえます。ログハウスのように木に包まれつつ、壁面はフラットで、縦型に穿たれる特徴的な窓。そしてこれらが、複層した仕上げによってできるのでなく、外装・断熱・構造・仕上げを木というひとつの素材でできてしまうところに縦ログ構法の美しさがあります。

　ここでは、実際に縦ログ構法を使ってつくられた建築を紹介します。2011年につくられた縦ログ構法の第1号建築《KAMAISHIの箱》から、2018年までに約19棟の建築がつくられてきました。機能も、住宅からオフィス、公民館、養護施設など多岐にわたり、縦ログ構法がさまざまな建築に応用可能であることもおわかりいただけると思います。そしてなにより、縦ログ構法によってつくられる空間性を感じてみてください。

Experimenting Taté Log

1

KAMAISHIの箱

設計：難波和彦＋界工作舎、はりゅうウッドスタジオ、日本大学工学部浦部智義研究室
所在地：岩手県釜石市
規模：地上1階
延床面積：39.75m²

KAMAISHI BOX

Architect: Kazuhiko NAMBA + Kai Workshop, Haryu Wood Studio,
and Tomoyoshi Urabe Laboratory, Nihon University
Location: Kamaishi, Fukushima pref.
Floors: 1 above ground
Total floor area: 39.75m²

190mm 105mm

縦ログ断面

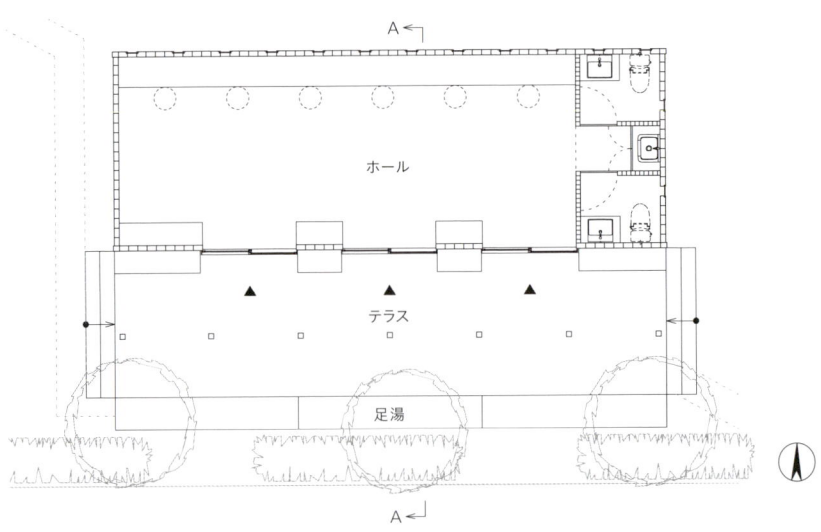

平面図　S=1:50

ホール

テラス

足湯

A

A

鈴子公園に設置された《KAMAISHIの箱》は、市から市民団体への委託によって運営されている。奥行の深いコロネードは快適な日陰を提供する縁側の空間である。

《KAMAISHIの箱》は、釜石市内の2つの公園に建設された。いずれも釜石市に寄贈され、市民の交流の場所やバス停の休憩所・待合所として使用された。

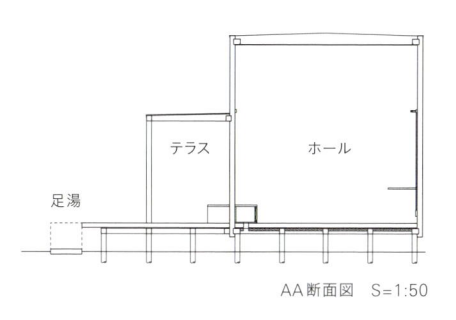

足湯　テラス　ホール

AA断面図　S＝1:50

仮設住宅に囲われて建つ。

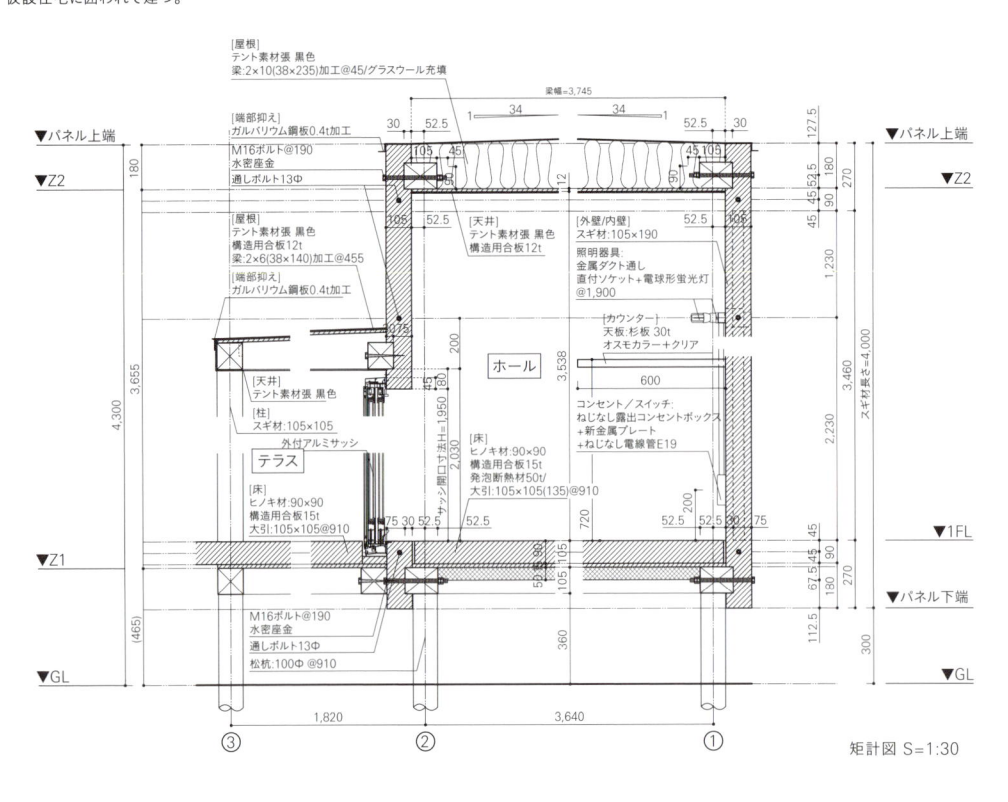

矩計図 S＝1:30

縦ログ仮設の試み 《KAMAISHIの箱》

釜石市に被災者のための小さな仮設の集会場を作るという計画は3.11震災の直後に始まった。福島県の木造仮設住宅で協働した芳賀沼整の後輩で、はりゅうウッドスタジオで働いたことがある女性建築家と、震災時に釜石市の建築課長だった彼女の父親が、釜石市の北にある大槌町で被災した。芳賀沼はこのような個人的関係から、釜石の復興に何らかの貢献をしたいという気持ちで、集会場の計画を思い立ち、僕に相談してきたのである。

　大急ぎで叩き台の案をまとめ、2011年6月初めに、郡山の日本大学工学部浦部智義研究室のメンバーとともに釜石に向かった。釜石において、敷地候補のひとつ、市内中心部の大只越公園を調査した。その場所は、都市計画によって整備された南北に伸びる公園道路の突き当たりにあり、緩やかな南斜面の背後には禅寺と急斜面に広がる墓地を控えていた。僕はそこに強い「場所の力」を感じた。その夜に、僕たちはこの公園に鎮魂のための小さな「箱」を作ることを決め、それを《KAMAISHIの箱》と名付けることにした。その後、釜石市役所との交渉によって《KAMAISHIの箱》は釜石市の西部にある鈴子公園にも建設されることになった。鈴子公園は交通の頻繁な道路に面しているため、こちらの《KAMAISHIの箱》には開放的なテラスを設け、間伐材を燃料とするバイオマス・ボイラーを用いた足湯を設置することになった。

　《KAMAISHIの箱》の建設に使用するスギ材は、ログハウスの木造仮設住宅を建設している芳賀沼製作所が提供してくれることになった。ログハウスの材料は福島県のスギ材であり、横に積み上げて壁面を構成するように加工されている。この横ログ構法は、すでに確立された構法である。これに対して、僕たちはログ材を横に積み上げるのではなく、4mの標準材を縦に並べて構造壁面とする構法を考案した。基礎杭は仮設住宅と同じスギ丸太の現場打とし、その上に敷かれた土台の側面に壁面をボルト留めして、仮設的な浮遊感をデザインした。構造部品の加工は、福島にある芳賀沼製作の作業場で行い、釜石まで運搬し現地で組み立てねばならない。仮設建築なので、解体、移築、再組立の構法も合わせて考える必要がある。スギ材の断熱性能を調べると、厚さ110mmでグラスウール10kg/m^2の50mm厚に匹敵することが分かった。仮設住宅ではやや性能不足だが、公共の仮設建築なので、釜石の気候ならば、構法を単純化して内外一発仕上げとしても、かろうじて大丈夫だと判断した。仮設住宅では、外壁に耐候性塗料を塗っているが《KAMAISHIの箱》では塗料は

一切使わず、スギの表面をガスバーナーで焼いた後にワイヤーブラシで水洗いした「焼成仕上げ」とすることにした。これによってスギ材の表面が炭化し耐候性が確保されるだけでなく、褐色の木目が浮かび上がり、壁面のテクスチャーに静謐な表情が生まれる。木材を1本ずつ組み立てる構法では、煩瑣な上に精度を確保するのが難しいので、作業場で焼成したスギ材をボルトでパネル化し、現地で組み立てる構法を考案した。FIXガラスやサッシのサイズはスギ材のモデュールにもとづいて製作し、すべての部品が解体可能となるように接着剤は一切使用せず、コーチボルト留めやビス留めの乾式工法を徹底した。床には内外とも壁と同様に焼成した檜の角材を敷き込んでいる。屋根は2×10材の小梁の下に構造用合板を張って面剛性を確保し、その上に断熱材を敷き込み、合板下の天井に外部用の黒色テントを張っている。

現地での組み立ては大工が中心となり、東北大学出身の支援有志、芳賀沼の事務所スタッフ、日本大学工学部の浦部研究室の学生たち

の協力によって進められた。すべての建築要素がパネル化・部品化されているので建方は数日で完了した。室内には最小限の家具が造り付けられている。椅子はムジネットから2カ所の《KAMAISHIの箱》にそれぞれ15脚ずつ寄附を受けた。この施設は一旦市に寄附された後に、釜石の市民団体への委託によって運営され、街中にある大只越公園の《KAMAISHIの箱》はインターネットカフェとして、鈴子公園の《KAMAISHIの箱》はバスの待合室やNGOの集会室として使用された。前者は2年間使用された後に民間に払い下げ、解体して釜石の北の大槌町に移築・再組立して、現在は設計事務所として使用している。この解体移築によって、接着剤を使わずボルトと釘だけによる完全な乾式構法で組み立てた当初のシステムの有効性が証明された。

《KAMAISHIの箱》の試みによって、地場の木材供給とローテックな工業化を組み合わせた縦ログ構法の可能性の第一歩が印されたのである。 　　　　　　　　　　　（難波和彦）

組立図

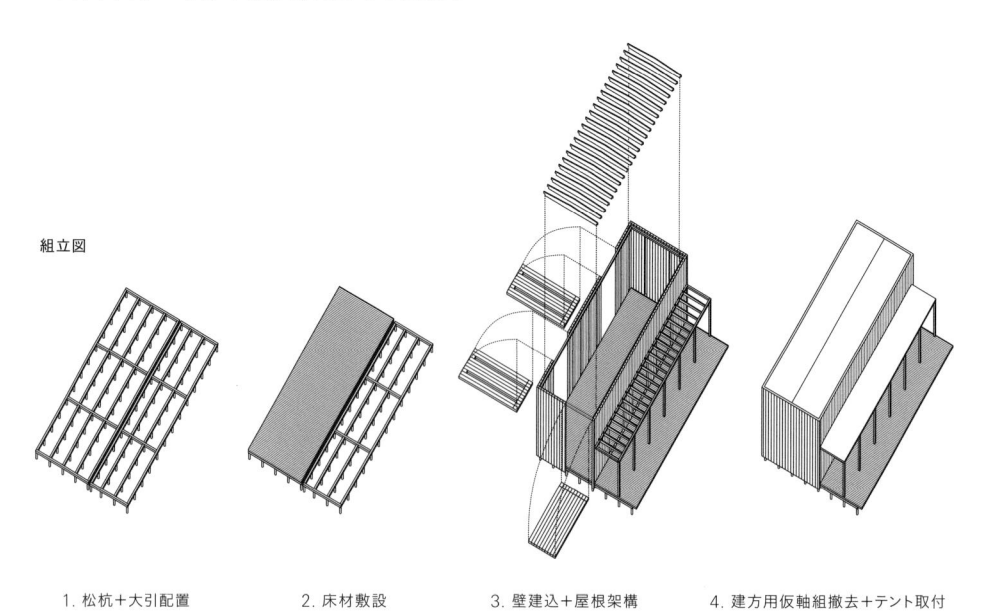

1. 松杭＋大引配置　　　2. 床材敷設　　　3. 壁建込＋屋根架構　　　4. 建方用仮軸組撤去＋テント取付

建設

縦ログは福島県の作業場でパネル化され、現場に運んで組立てられた。組立作業はすべて乾式工法によって、数日で完成した。

解体

乾式工法で組み立てられているので、解体はスムーズに行われ、縦ログ部品はすべて再利用可能な状態に保たれていた。

再築準備

縦ログパネルは、歪みを補正し、サイズの調整を行った後で、再築現場へと運搬された。

再築

再築は最初の組立時と同じように、乾式工法によって実施された。本設とするために、若干の構造補強と、断熱性能が追加された。

2

はりゅうの箱

設計：はりゅうウッドスタジオ
監修：難波和彦＋界工作舎
所在地：福島県南会津郡
規模：地上2階
延床面積：93.41m²

HARYU BOX

150mm
150mm

縦ログ断面

Architect: Haryu Wood Studio
Supervisor: Kazuhiko NAMBA + Kai Workshop
Location: Minamiaizu, Fukushima pref.
Floors: 2 above ground
Total floor area: 93.41m^2

住むための木箱

東日本大震災以降、私たちの建築に対する価値観は大きく変えられた。震災後、がむしゃらにつくり続けた《木造仮設住宅群》から展開した試行のひとつが、「縦ログ構法」であった。木材という有機的素材をパネル化し、工業製品のように扱う構法であり、震災直後の資材不足の時に仮設住宅に用いようとする試みから始まった。これを用いて初めにつくったのが、岩手県釜石市に仮設集会所《KAMAISHIの箱》。《はりゅうの箱》は、これに続く縦ログ構法による建築の第2段として設計したもの。ここでは2つの目的を設定している。

1つめは、デザインの恣意性を排除し、縦ログ構法の特徴を活かしたプリミティブな空間を目指すこと。2つめは、この建物は実験途中の縦ログ構法のモデルでもあるため、この形態を完成形とせず、今後さまざまなかたちで発展する原点とすることだ。

プランは、独立した8帖程度の広さの4つの箱を田の字に置いた形が原形となっている。箱と箱の間にある残余空間を家庭の中の公共的な場とし、箱の1つをこれと一体化した。それぞれの箱の関係性のみで空間をつくっているのだ。窓を南側の一部に集約化し、大きくせり出した庇の下で、連立する箱の間に自然風景が入り込むような構成としている。

縦ログ断面は150角、長さ5.5mのスギ材であり、市場にはあまり出回らない材料であるため、伐採から指示し、冬期間に250本以上確保して春の工事に備えた。

また、《はりゅうの箱》は2m近く積雪する地域に建っており、積雪時には、屋根に1m^{2}あたり2tもの荷重がかかり、縦ログパネルにはこれを支えるだけの強度も求められた。内部空間は、吹雪などの厳しい外部環境のなかでも、居住者のアクティビティを自由にするために、大きな吹き抜け空間を設けている。暖炉の熱をサーキュレーションで基礎に送り込み、吹き抜けの温度差の均質化を図っている。

この建築は、システムとして地域に根づき、復興に活かされることを目的のひとつとして考え、木材の材料としての潜在性、建築としての拡張性に重点を置いている。この建築は私たちにとってひとつの原点であり、揺るがない芯である。

（はりゅうウッドスタジオ）

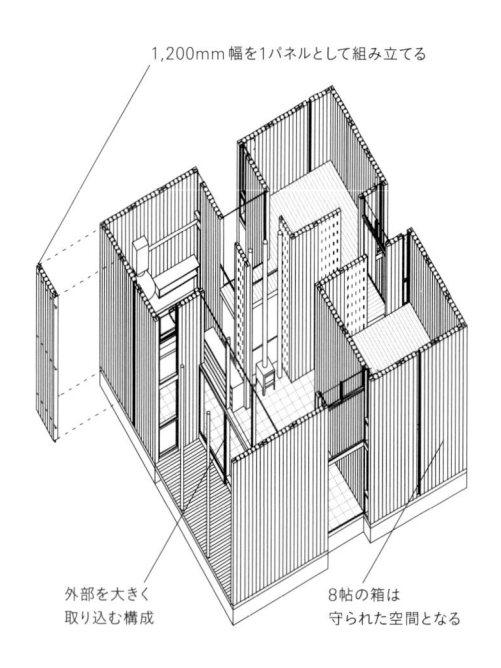

1,200mm幅を1パネルとして組み立てる

外部を大きく
取り込む構成

8帖の箱は
守られた空間となる

大きな吹き抜け空間は、暖炉のサーキュレーションにより温度が均質化されている。寝室などの個室は、縦ログの壁パネルに囲われており、より温熱環境の安定した場所となっている。

リビング南側を見る。窓際の床に換気口がつけられている。

北側階段と道路側の窓を見る。

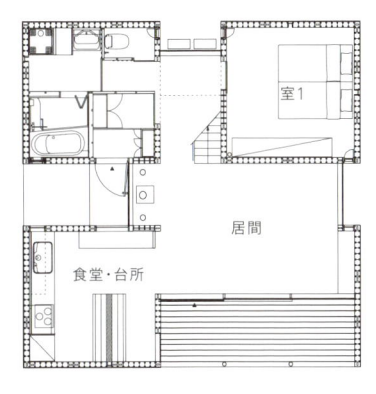

1階平面図 S=1:200

室1
居間
食堂・台所

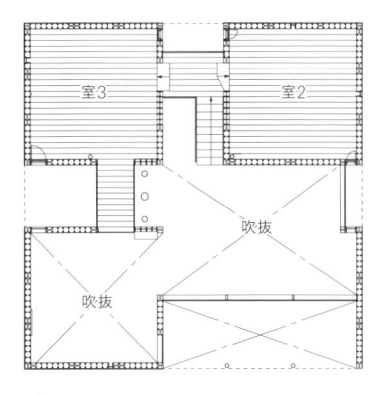

2階平面図 S=1:200

室3
室2
吹抜
吹抜

2Fから食堂を見る。2層吹き抜けだが、将来的にはこの食堂の上に床を増築することも想定されている。

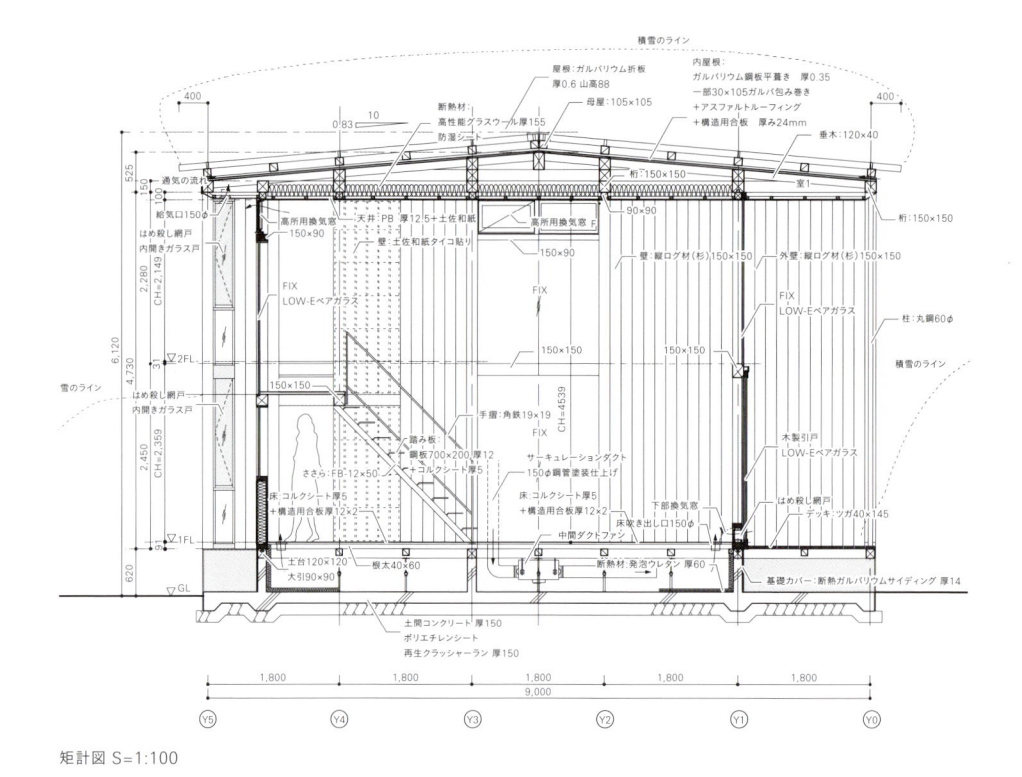

矩計図 S=1:100

図中の注記（右上より時計回り）:

積雪のライン
内屋根:
ガルバリウム鋼板平葺き 厚0.35
一部30×105ガルバ包み巻き
＋アスファルトルーフィング
＋構造用合板 厚み24mm
垂木:120×40
室1
桁:150×150
壁:縦ログ材(杉)150×150
外壁:縦ログ材(杉)150×150
FIX
LOW-Eペアガラス
柱:丸鋼60φ
積雪のライン
木製引戸
LOW-Eペアガラス
はめ殺し網戸
デッキ:ツガ40×145
基礎カバー:断熱ガルバリウムサイディング 厚14
断熱材:発泡ウレタン 厚60
下部換気窓
床吹き出し口150φ
床:コルクシート厚5
＋構造用合板厚12×2
CH=4539
手摺:角鉄19×19
FIX
90×90
150×150
150×150
高所用換気窓 F
桁:150×150

屋根:ガルバリウム折板
厚0.6 山高88
母屋:105×105
断熱材:
高性能グラスウール厚155
防湿シート
通気の流れ
給気口150φ
高所用換気窓
150×90
天井:PB 厚12.5＋土佐和紙
壁:土佐和紙タイコ貼り
高所用換気窓 F
150×90
FIX
LOW-Eペアガラス
FIX
FIX
150×150
150×150
はめ殺し網戸
内開きガラス戸
150×150
踏み板
ささら:FB-12×50
床:コルクシート厚5
＋構造用合板厚12×2
土台120×120
大引90×90
GL
根太40×60
中間ダクトファン
鋼板700×200 厚12
＋コルクシート厚5
サーキュレーションダクト
150φ鋼管塗装仕上げ
断熱材
土間コンクリート 厚150
ポリエチレンシート
再生クラッシャーラン 厚150

寸法:
400 / 525 / 6,120 / 4,730 / 2,260 / CH=2,149 / 2FL / 2,450 / CH=2,359 / 1FL / 620
0.83 / 10
90×90
400
1,800 / 1,800 / 1,800 / 1,800 / 1,800
9,000
Y5 / Y4 / Y3 / Y2 / Y1 / Y0
雪のライン

玄関から室内を見る。暖炉の暖気は、両脇の白い鋼管を通り床下へと送り込まれる。

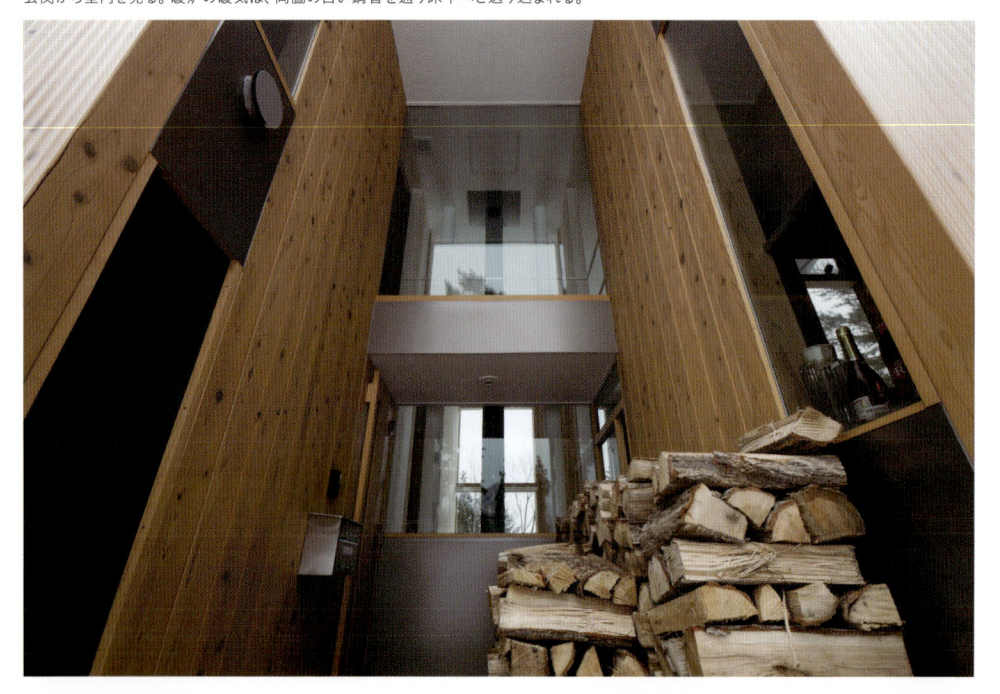

外壁には雪からの保護のため
ポリカの波板が貼られている。

縦ログのスリットを活かした窓。

構法解説

積雪のある中山間地に建つ、150角×5,500mmのスギ材を用いた、縦ログ構法による初めての住宅である。ログ材を8本程度合わせて、1,200mm幅のパネルにし、通し柱により2層構成としている。外壁については、ポリカーボネートの波板によって風雪からの保護を行っている。また150角材を採用することで、X, Y軸ともに900mmグリッドでの配置が可能になっている。外壁、間仕切り壁が同じ150角材で構成され、内外の一体感があるプロトタイプとしての住宅である。防火の規制がない地域でもあり、縦ログパネルの構成に配慮した設計となっている。

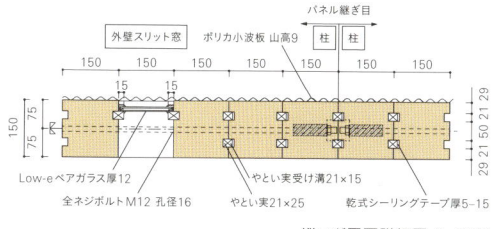

縦ログ平面詳細図 S=1:20

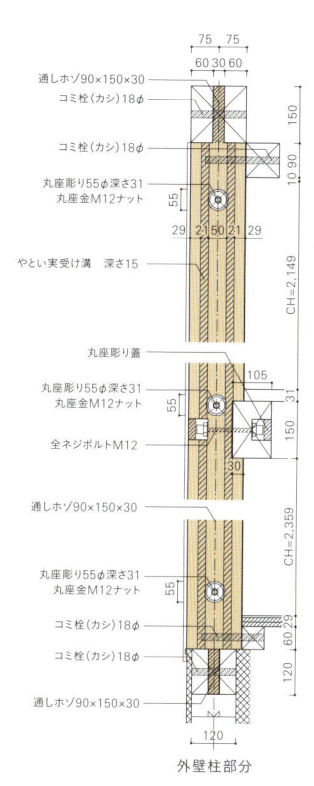

外壁柱部分

縦ログ断面詳細図 S=1:20

3

希望ケ丘プロジェクト

設計：難波和彦＋界工作舎
配置計画・企画：浦部智義、はりゅうウッドスタジオ
所在地：福島県郡山市
規模：地上2階
延床面積：272.30m²

KIBOGAOKA PROJECT

190mm 110mm

縦ログ断面

Architect: Kazuhiko NAMBA + Kai Workshop
Site planner and organizer: Tomoyoshi URABE and Haryu Wood Studio
Location: Koriyama, Fukushima pref.
Floors: 2 above ground
Total floor area: 272.30m^2

中庭夕景。正面が縦ログ構法棟、左が在来パネル構法棟、右が丸太組構法棟。

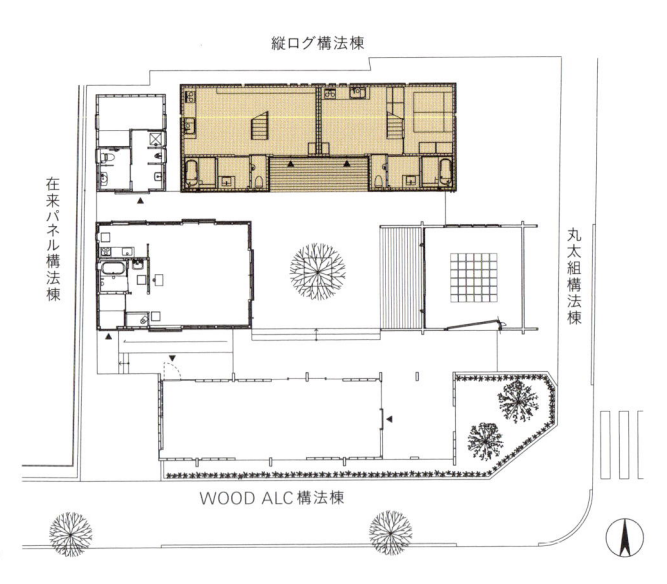

縦ログ構法棟

在来パネル構法棟

丸太組構法棟

WOOD ALC構法棟

配置図 S=1:400

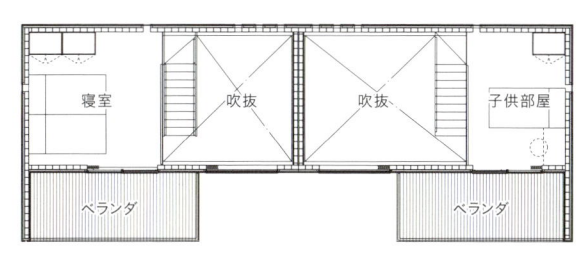

2階平面図 S=1:200

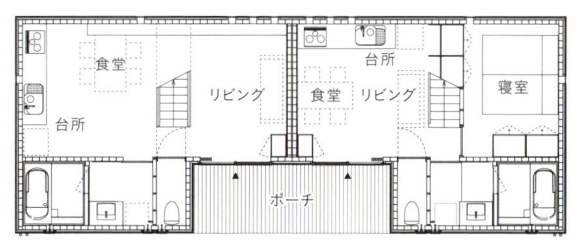

1階平面図 S=1:200

左の住戸の台所からリビングを見通す。リビング上部は2層吹き抜けになっている

《希望ヶ丘プロジェクト》が目指したもの

この建築群は、東日本大震災ならびにその後の原発事故の影響で現在も避難されている方を対象とし、福島県の仮設期から復興に向けての住まい・まちづくりの支援を目的とした、難波和彦・嶋影健一・八木佐千子・浦部智義・はりゅうウッドスタジオをコアメンバーとする県内外の建築関係者有志により設立された団体（NPO法人 福島住まい・まちづくりネットワーク）の活動拠点である。それらの活動は、①復興を目指した自治体に対する住まい・まちづくりの支援活動、②生活再建を目指す避難住民に対する支援活動、③福島県内で復興活動に従事する建設設計者・施工者に対しての支援活動等を主な活動として、各専門家の知恵を結集し、復帰に向けた方策や今後の住環境の選択肢の幅を広げられるような思考や作業であり、現在それらに関する利用がされている。

　また、その拠点に相応しい建築的提案として、避難者の方が元の地域に復帰する際など、復興住宅等へ応用可能な木質構法の提案と小さな建築の集合による小規模コミュニティのモデル建築群とした。4つの基本コンセプトから、復興に向けて応用可能な建築技術を試行した。

①戸建の集合による小規模コミュニティの実践

　戸建ての各棟は、復興住宅等へ応用可能な木質構法の提案となっており、また、小さな戸建の集合によって集まって住める小規模コミュニティのモデルを実践している。

②解体・移築可能な木質構法モデル

　敷地に建つ「縦ログ構法」「在来パネル構法」「WOOD ALC構法」「丸太組構法」の4棟は、今後の避難者の復帰プロセスなどに柔軟に対応するため、解体・移築の可能性のある木質構法とした。また、特性の違う木質空間として木造の構法の幅を広げることも意識している。

③エネルギーへの取り組み

　構法以外にも、アクアレイヤやペレットストーブの導入した棟、また、次世代エネルギー基準への対応を鑑みた棟やパッシブデザインを意識した棟など、環境やエネルギーに関しても、それらの計測・実験からの応用を意識している。

④仮設住宅の再利用モデルとして

　このモデルは、福島県に建設された約6,000戸の木造仮設住宅の供与期間後の再利用の方策のひとつとして見立てている。

（浦部智義）

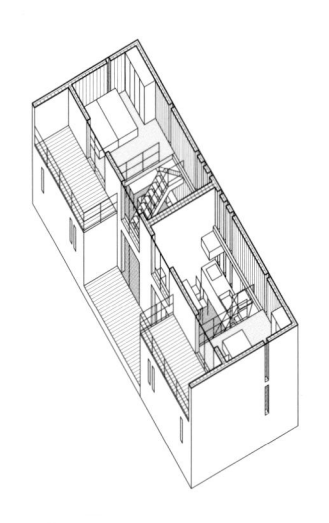

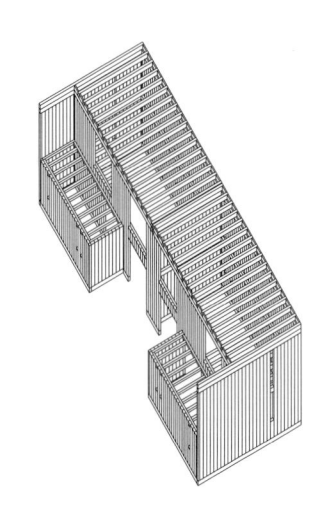

右の住戸のリビング。2層吹き抜けの天井高4mは流通材の規格から決まっている。

左の住戸の2階。

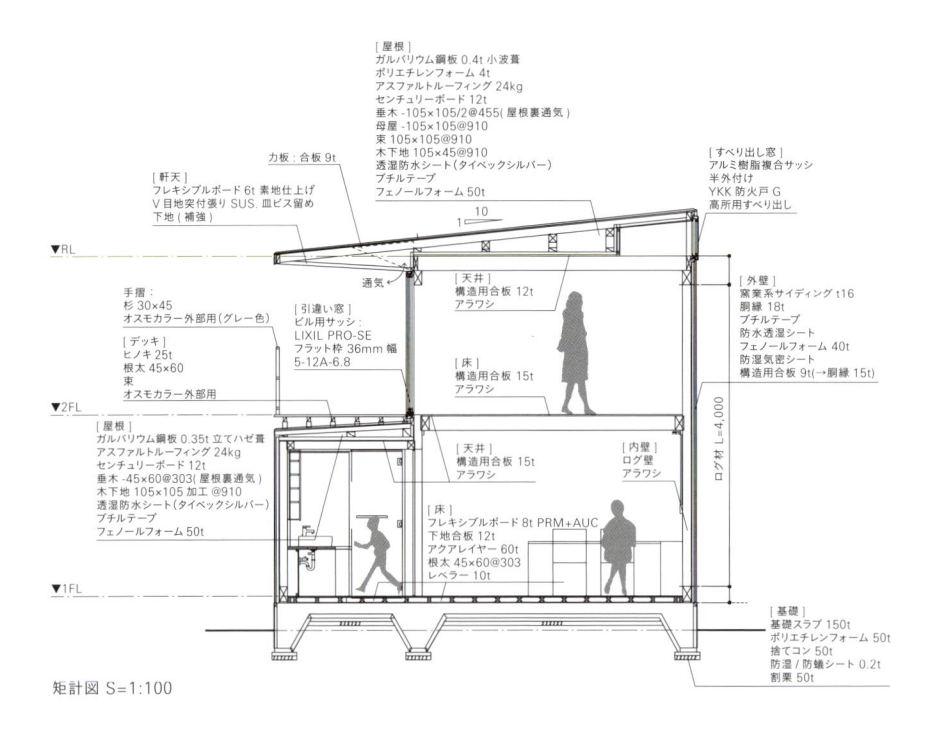

[屋根]
ガルバリウム鋼板 0.4t 小波葺
ポリエチレンフォーム 4t
アスファルトルーフィング 24kg
センチュリーボード 12t
垂木 -105×105/2@455(屋根裏通気)
母屋 -105×105@910
束 105×105@910
木下地 105×45@910
透湿防水シート(タイベックシルバー)
ブチルテープ
フェノールフォーム 50t

力板：合板 9t

[軒天]
フレキシブルボード 6t 素地仕上げ
V 目地突付張り SUS. 皿ビス留め
下地 (補強)

[すべり出し窓]
アルミ樹脂複合サッシ
半外付け
YKK 防火戸 G
高所用すべり出し

▼RL

通気

手摺：
杉 30×45
オスモカラー外部用(グレー色)

[引違い窓]
ビル用サッシ：
LIXIL PRO-SE
フラット枠 36mm 幅
5-12A-6.8

[天井]
構造用合板 12t
アラワシ

[外壁]
窯業系サイディング t16
胴縁 18t
ブチルテープ
防水透湿シート
フェノールフォーム 40t
防湿気密シート
構造用合板 9t(→胴縁 15t)

[デッキ]
ヒノキ 25t
根太 45×60
束
オスモカラー外部用

[床]
構造用合板 15t
アラワシ

▼2FL

[屋根]
ガルバリウム鋼板 0.35t 立てハゼ葺
アスファルトルーフィング 24kg
センチュリーボード 12t
垂木 -45×60@303(屋根裏通気)
木下地 105×105 加工 @910
透湿防水シート(タイベックシルバー)
ブチルテープ
フェノールフォーム 50t

[天井]
構造用合板 15t
アラワシ

[内壁]
ログ壁
アラワシ

ログ材 L=4,000

[床]
フレキシブルボード 8t PRM+AUC
下地合板 12t
アクアレイヤー 60t
根太 45×60@303
レベラー 10t

▼1FL

[基礎]
基礎スラブ 150t
ポリエチレンフォーム 50t
捨てコン 50t
防湿 / 防蟻シート 0.2t
割栗 50t

矩計図 S=1:100

土台と縦ログパネル、金属サッシのディテール。

桁の上に105×150ピッチの梁が架けられている。

構法解説

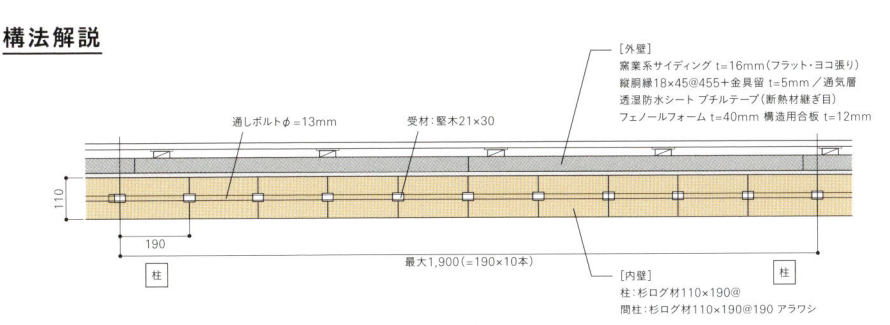

[外壁]
窯業系サイディング t=16mm（フラット・ヨコ張り）
縦胴縁18×45@455＋金具留 t=5mm ／通気層
透湿防水シート プチルテープ（断熱材継ぎ目）
フェノールフォーム t=40mm 構造用合板 t=12mm

通しボルトφ=13mm　　受材：堅木21×30

110

190

最大1,900（=190×10本）

柱

柱

[内壁]
柱：杉ログ材110×190@
間柱：杉ログ材110×190@190 アラワシ

詳細図 S=1:20

従来の縦ログ構法に耐候性と通気を意識し、外側に窯業系サイディング材を貼った縦ログ「箱の家」の復興モデルである。最低限の設備で居住空間の原型を示している。一般的な流通材である190×110×4,000mmの杉ログ材10本程度を縦並びに通しボルトで緊結することで、2層分の構造体と内装仕上げを兼ねたパネル構法を開発した。パネル両端の材を柱に見立て、同ログ材の土台と桁にホールダウンやホゾ金物で緊結する。室内はログ材あらわし仕上げとし、室外は断熱＋防火性能を確保するために合板とフェノールフォーム、窯業系サイディングで仕上げている。2014年に同構法をもとに性能評価実験を行い、合板や外壁材無しで成立する壁倍率と準耐火構造の大臣認定を取得した。現在はより汎用的な縦ログパネルを開発中である。

4

アグリケア

設計：はりゅうウッドスタジオ、EDH遠藤設計室
計画：日本大学工学部浦部智義研究室
監修：難波和彦
所在地：茨城県つくばみらい市
規模：地上2階　延床面積：2,166m²

AGRI CARE

180mm 120mm

縦ログ断面

Architects: Haryu Wood Studio and EDH Endoh Design House
Planner: Tomoyoshi Urabe Laboratory, Nihon University
Supervisor: Kazuhiko Namba + Kai Workshop
Location: Tsukubamirai, Ibaraki pref.
Floors: 2 above ground   Total floor area: 2,166m^2

地域の力でつくる木造の福祉・医療施設

この施設は、2,000m^{2}にも及ぶ19床の診療所と50床の有料老人ホームの計画である。採算性から効率的な建材が求められる福祉・医療施設の状況のなかで、構法によって木という素材を活かすことを施主と取り組むこととなった。

諸要因により約7カ月の短工期で施工することが求められ、「縦ログ構法」と「丸太組構法」を用いた。これらは地域の業者も参加可能な、地域材を活かした構法といえる。伸びやかな大空間となる診療所の機能訓練室、老人ホームの食堂・療養室は縦ログ構法によって計画され、施設全体の軸となる。縦ログ空間にとりつく平屋の居住部分は、落ち着き感のある丸太組構法としている。機能と構法を連動させているところも本計画の特徴といえる。

有料老人ホームの居住部分は、入居者の居住環境と介護のしやすさの視点から、一体感のある施設を実現するために、回遊性とグルーピングを重要視した。敷地の形状を活かしながらまとまりや動線・わかり易さを重視して、中庭を囲み2つのロの字がつながった配置となっている。居室の連なりを4・6床を基本単位としながら、その間に必要機能や開口を配置して、運営面も意識しながら施設にありがちが単調さをやわらげている。

中廊下の両サイドの居室を中心に界隈性を醸し出せるトップライトを施した広めの廊下と、長屋的な雰囲気で居室が片側に並び突き当たりや中庭の開口など抜け感のある廊下といった様に、居室とのつながりや採光などに特徴を持たせることで、全体の中での位置関係を把握できる仕掛けとなっている。

施工面では、構法・プラン構成を参考に、施設全体をA–E工区に区分けし、各工程をⅢ期に分けて工事を進めた。Ⅲ期制により各工種が間を空けずに順次別な工区へ移ることができ、職人個人の能率と工種間連携による工事全体の能率が上がることで、7カ月という工期内に工事を終えることができた。

（はりゅうウッドスタジオ）

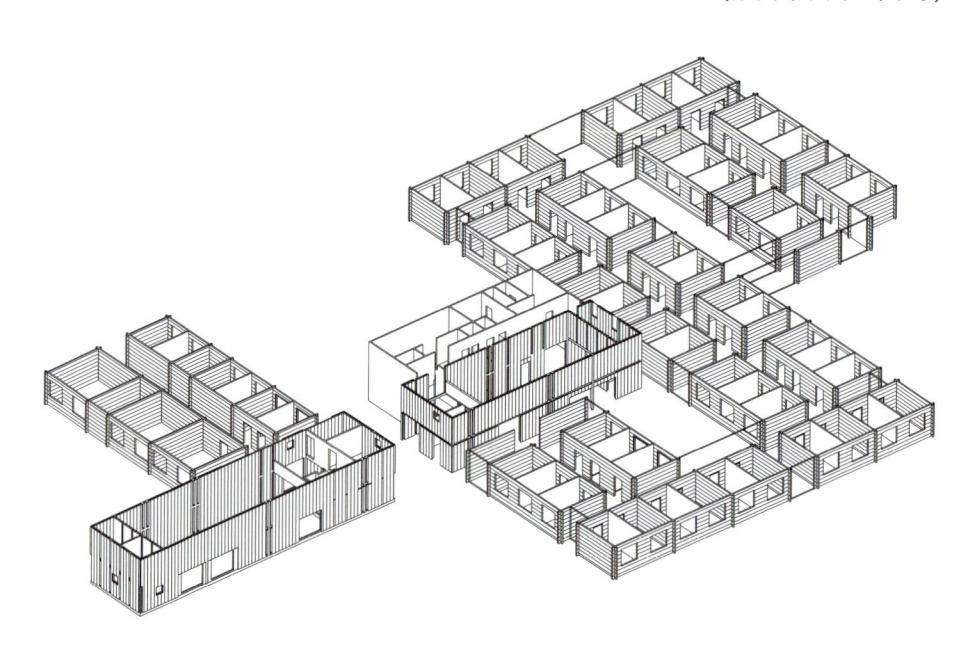

南側のエントランスから見る。中程にある背の高い建物が縦ログ構法棟で、診療所棟「メドアグリクリニック」（左）と老人ホーム棟「アグリケアガーデン」（右）が入っている。

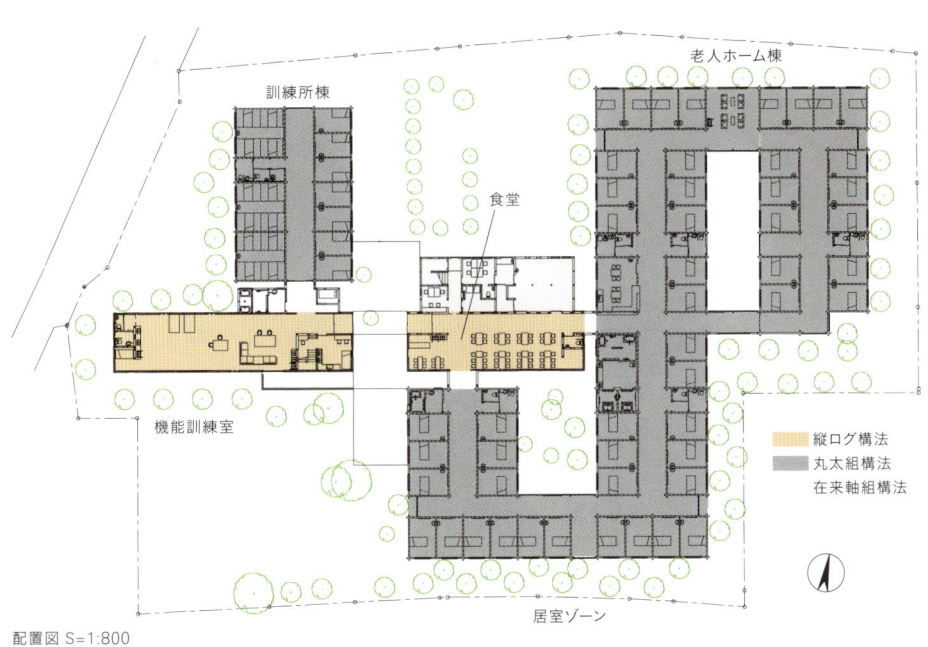

老人ホーム棟

訓練所棟

食堂

機能訓練室

居室ゾーン

縦ログ構法
丸太組構法
在来軸組構法

配置図 S=1:800

縦ログ構法を用いたメドアグリクリニックの機能訓練室。

介護のしやすさを考慮し、ロの字の平面的なまとまりの交差部
に設けたアグリケアガーデンのナースステーション。アグリケアガー
デンは丸太組構法からなり、天井にはトップライトを配している。

上：メドアグリクリニックの縦ログ棟を西側から見る。
下：アグリケアガーデンの食堂・療養室から中庭を見る。縦ログのパネルで天井高4.8mの空間をつくり出している。

構法解説

大空間である食堂などに縦ログ構造が用いられている。本架構は、180mm×120mmの6本の柱を合わせ、幅1,080mmのパネルを基本に規格化を行っている。規格化されたパネルは、燃えしろ設計により、準耐火建築物を実現している。壁面は、規格化された壁パネルで構成される。大臣認定が受けられていない時期の設計であり、外装材に合板を張り、燃えしろ設計とする

ことで、準耐火構造を実現している。

居住棟については、丸太組構法によってつくられている。幅113×高さ175mmのマシンカットログを採用している。丸太組構法自体で、準耐火構造の大臣認定が取れており、在来構法と比べて、仕上げ工程が少ないため、現場工期の短縮を図ることができる。

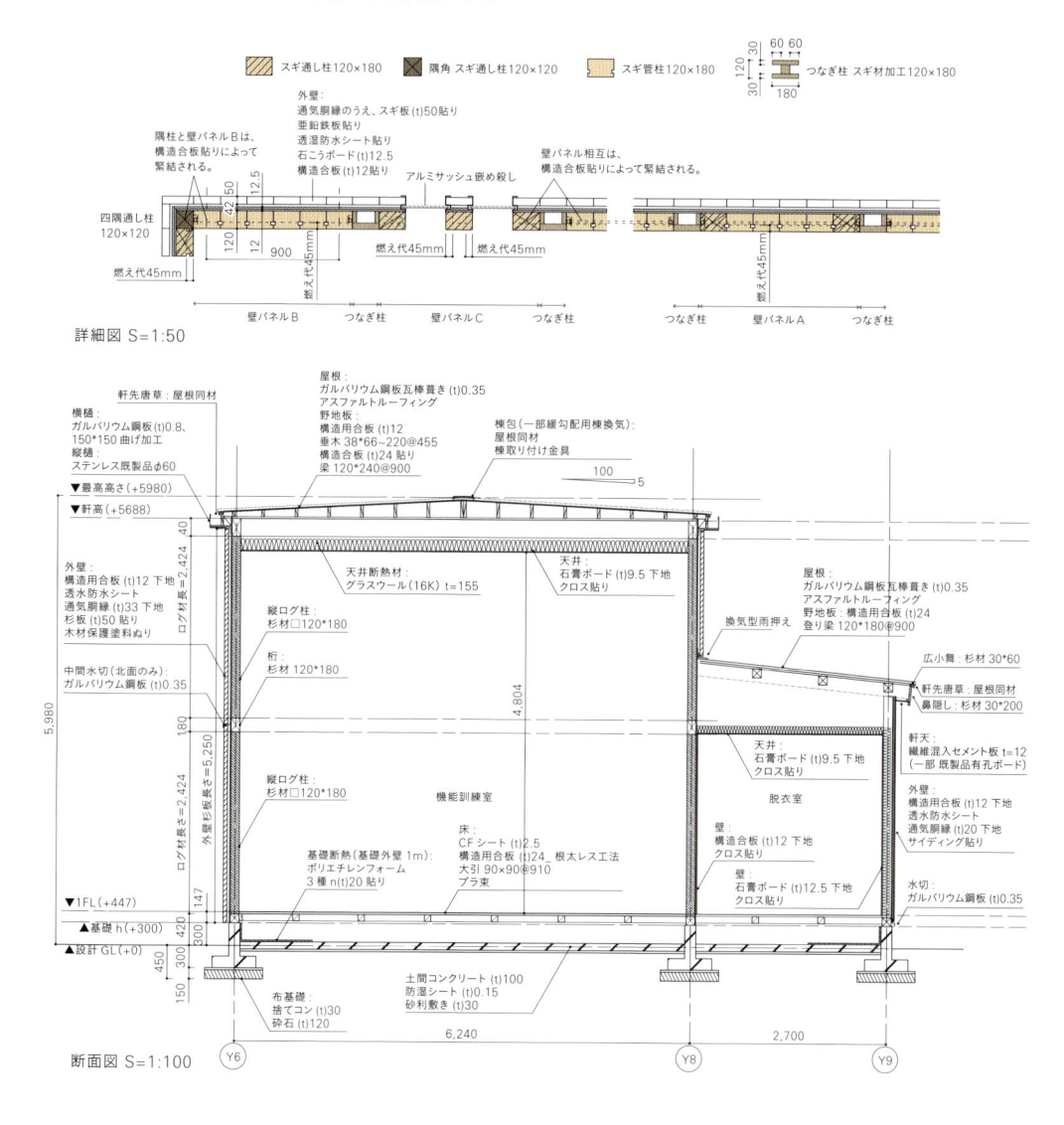

詳細図 S＝1:50

断面図 S＝1:100

5

びわのかげ屋内投球場

設計：はりゅうウッドスタジオ、EDH遠藤設計室、江尻建築構造設計事務所
所在地：福島県南会津郡
規模：地上1階
延床面積：70.63m^2

BIWANOKAGE BULLPEN

180mm
120mm

縦ログ断面

Architects: Haryu Wood Studio, EDH Endoh Design House, and Ejiri Structural Engineers
Location: Minamiaizu, Fukushima pref.
Floors: 1 above ground
Total floor area: 70.63m^2

地域材による縦ログシェル構造

この施設の目的は、福島県の復興のために長期的に利用可能な施設として、スポーツを中心に人々が集える場所づくりの提案であった。敷地は、福島県南会津のびわのかげ運動公園内。この地域で盛んなソフトボールのための冬期利用可能な投球練習場である（詳細はp.083–085参照）。

震災以降スポーツに関わる機会を制限された福島県内の子供たちにとって、今回の敷地である南会津町のびわのかげ運動公園は、ソフトボールの県大会開催地として利用されるなど、象徴的な場所となっている。それは施設の地場産木材の活用実態としても同様であった。

縦ログ構法開発の根底には、地産地消できる建築部材の標準化という目的がある。そのため、市場で流通する地場産スギ材の活用を前提に合理的な建築空間をつき詰めてゆくと、形状はおのずと箱型となる。部材の製造行程とコスト面から考えれば、構造、下地、内壁仕上げ、外壁仕上げが一体化した単一部材として多用な機能を合わせもつことで、一定の合理性を満たすことになる。しかし同時に、直線材の組み合わせによる平板形状の縦ログ構造壁の使われ方に対して閉塞感も感じていた。

この建築は曲げのない軸力のみで処理されており、梁のない、樽に箍を嵌めたような構造である。それほど大きな力をジョイント通じて流す必要がなかったため、木造の常識にとらわれないジョイントが考えられた。それが、接合部における金物の使い方に現れ、柱梁構成でない木塊だけのような空間が可能となった。

建築にとって、単純なシステムで多様さを生むことは大切である。専門家が技術を集結させて完成した建築が媒体となって、人を触発し、新しい思索を促すことが、これからの建築の役割となっていくことを願っている。

（はりゅうウッドスタジオ＋EDH遠藤設計室）

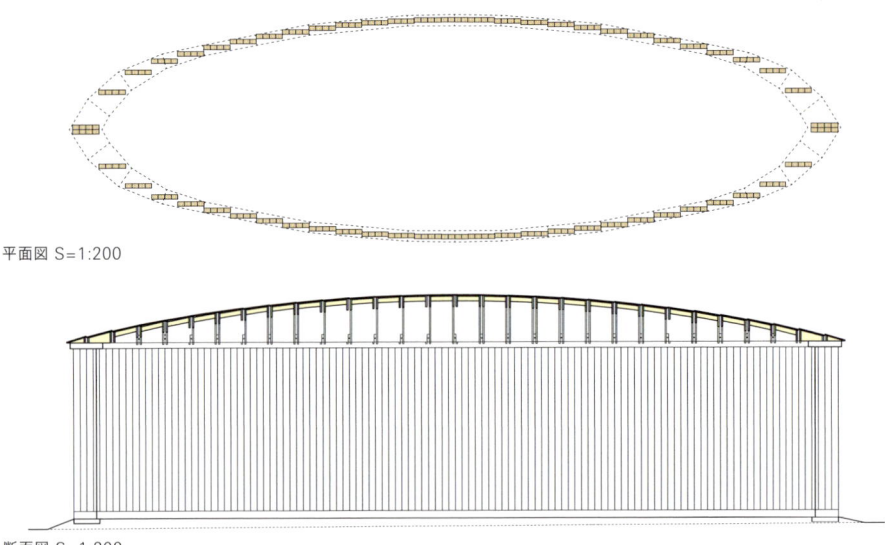

平面図 S=1:200

断面図 S=1:200

内部から張弦梁の架構を見る。

投球練習の風景。

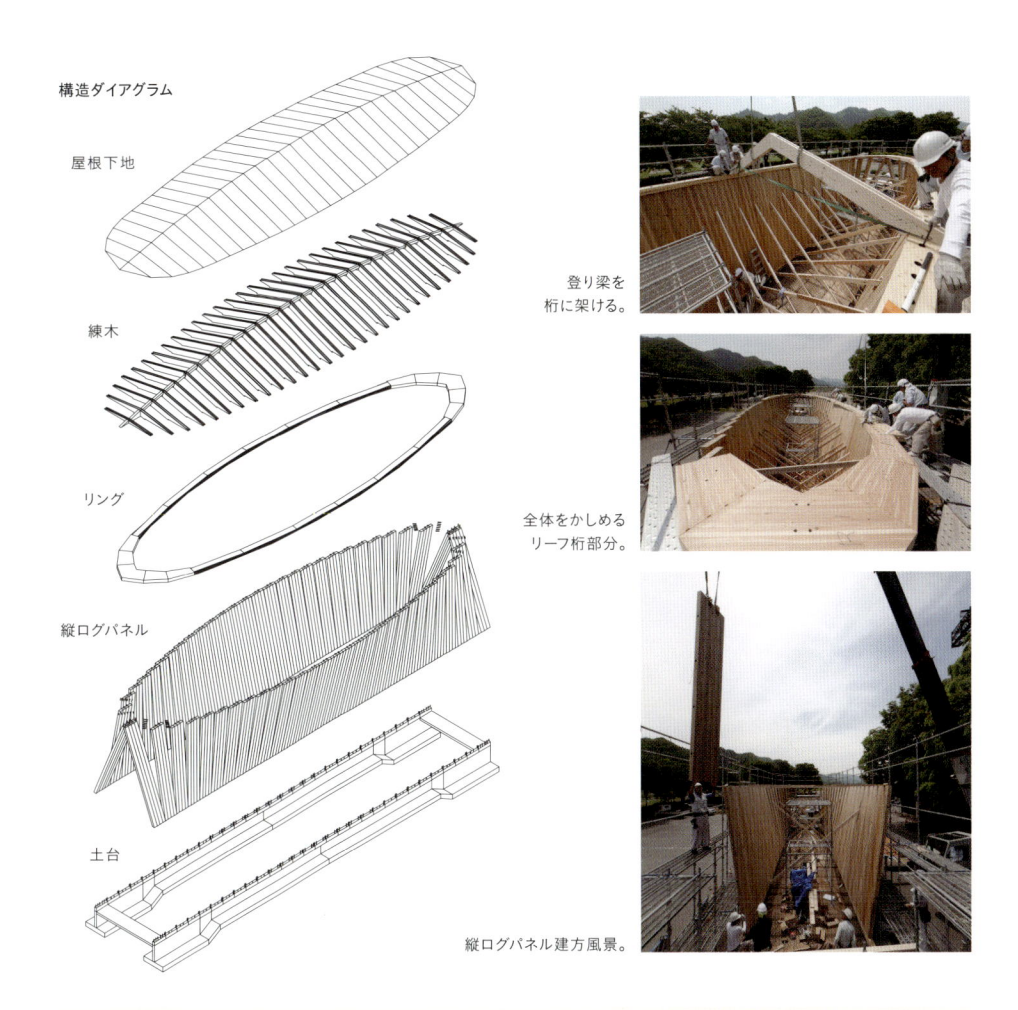

構造ダイアグラム

屋根下地

練木

リング

縦ログパネル

土台

登り梁を
桁に架ける。

全体をかしめる
リーフ桁部分。

縦ログパネル建方風景。

構造家の視点［江尻憲泰（江尻建築構造事務所 代表）］

角材（製材）を合わせてつくる縦ログは、どこでも誰でもつくれる簡単な部材である。壁倍率の大臣認定を取得しているので壁量計算での設計が可能で、一般的な製材の組み合わせである縦ログは、通常使われている基規準類を参考に簡単に設計を行うことができる。しかしながら、われわれ構造設計者は壁量計算を行うことはない。

近年、乾燥技術が発達し高温乾燥される材がほとんどで、内部に割れを生じている場合も多い。単材の場合に割れが生じるとその影響は大きい

が、縦ログの場合は、その接合部だけを気をつけていれば、断面性能の低下はほとんどない。

《びわのかげ屋内投球場》では、通常垂直に使われる縦ログを斜めに用いた。三次元曲面に配置し、構造システムとして面外方向への性能を向上させている。通常よりも個材間のせん断力が大きく、シアキーを設けて対応している。また、強度を確保しつつ、意匠上、仕口に金物が出ないように、内部割れに強いグルードインロッドを用いている。

6

ふたば富岡社屋・郡山社屋

設計：はりゅうウッドスタジオ
所在地：福島県ふたば郡／郡山市
規模：地上2階
延床面積：343.53m^2／301.17m^2

FUTABA INC. OFFICE
(TOMIOKA, KORIYAMA)

Architects: Haryu Wood Studio
Location: Futaba / Koriyama, Fukushima pref.
Floors: 2 above ground
Total floor area: 343.53m^2 / 301.17m^2

150mm 150mm

縦ログ断面

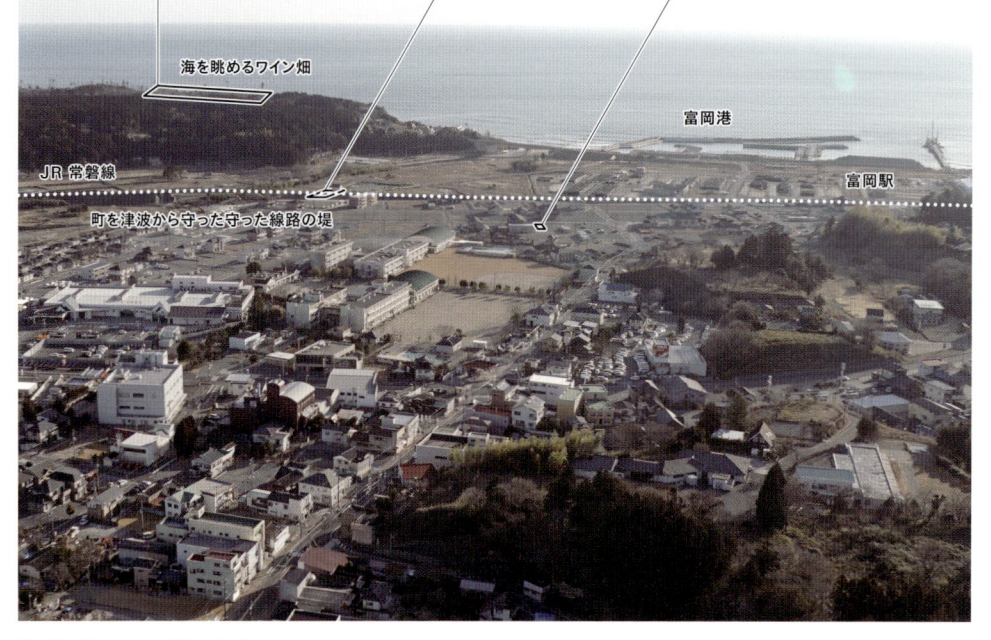

自宅と富岡、郡山の社屋の材料を切り出した森。跡地は復興のためのワイン畑となる。

海を眺めるワイン畑

津波により流された自宅と残った蔵を改修した。

ふたば富岡社屋

富岡港

富岡駅

JR 常磐線

町を津波から守った守った線路の堤

上：富岡社屋上空から、富岡の蔵・富岡の森・太平洋を望む。少し小高い近くの森から、建築材料の大部分を占める木材を切り出した。
下：富岡社屋、南東側外観。右手に見えるデッキは地域交流室に面しており、内外が一体で使える場所になっている。

富岡社屋──復興の魁となる木造

「津波の来ない海岸線の高台に、富岡の森の木を使って家を建てること」地震直後、施主と話した目的はこのひとつだった。しかし、次の日に起こる原発事故によってその方向は大きく変わり、津波被害だけでなく、双葉郡を中心に福島県全域に広がる大きな出来事へと広がっていった。

　本計画が始まった当時（2015年）に避難区域内の樹木を建築材料として使った前例はほとんどなく、町、県、国のさまざまな林業関係機関を回り、素材を砕いて成分検査等を行い富岡町外へ持ち出せる許可を得たが、地元の林業関係者の間では町外への搬出の是非について論議が起こった。幸いにも富岡の海岸沿い地域の放射線量の数値は原発事故直後でも低い所が多く、現地での木材の皮剥ぎ作業によってその値が極端に下がったため、いわき市の製材所で製材と乾燥を行い、工期を短縮するために分業体制で建築へと進んだ。

　富岡社屋の構造については純粋に150×150のスギ材を縦ログ構造壁として活かし、4隅のコアにはさまれた2階までの吹き抜け空間を執務室とした。海側の通りに向いた1・2階の地域開放室・多目的スペースは、復興期の富岡における貴重な木質空間として、地域活動の拠点となっている。

（はりゅうウッドスタジオ）

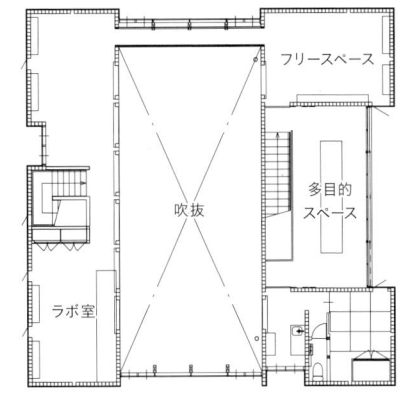

2階平面図 S＝1:300

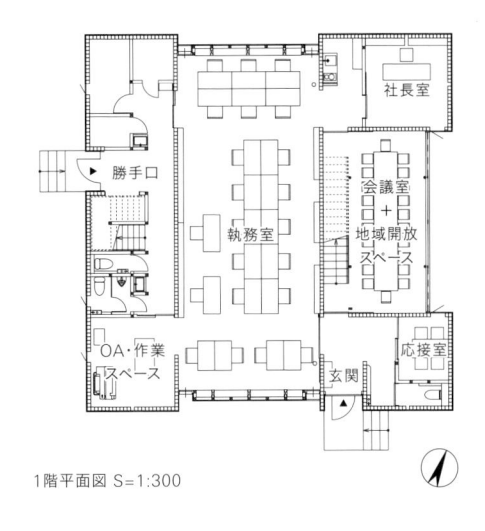

1階平面図 S＝1:300

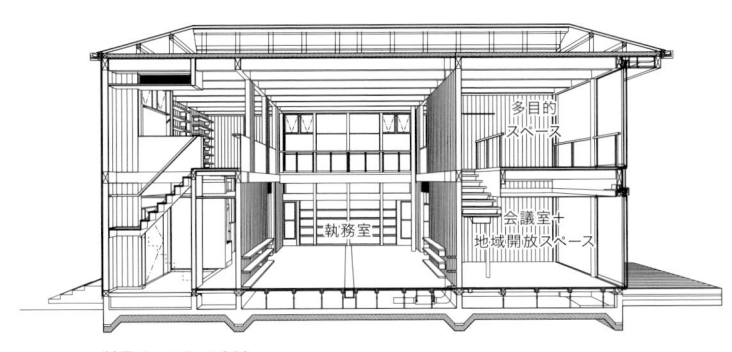

断面パース S＝1:200

富岡社屋2階フリースペースから2階執務室吹き抜け、ラボ室を見る。

1階の地域交流室内に設置された地元材による階段。地域交流室は地域の人がアクセスしやすいように外部に面している。

構法解説

準耐火構造と壁倍率の大臣認定を初めて利用した事務所建築である。壁倍率が4.2倍近くある縦ログパネルを使うことで、広い吹き抜けをもつ中規模建築物が実現した。できるだけパネルが規則正しく配置されるような平面を目指している。また、縦ログの準耐火構造の大臣認定では、内外木表しの仕上げとすることができる。

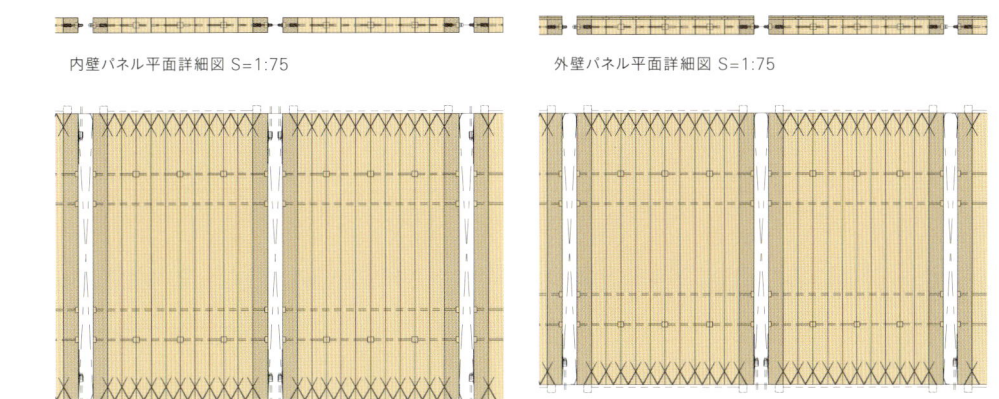

内壁パネル平面詳細図 S=1:75

外壁パネル平面詳細図 S=1:75

内壁パネル断面詳細図 S=1:75

外壁パネル断面詳細図 S=1:75

郡山社屋
──2地域に跨り避難期間を支える拠点

震災直後、富岡町民の2カ所目の避難先となった郡山市は、市内に富岡町の仮設庁舎が置かれ、ふたばにとって、避難期間にもうひとつの拠点を置く背景となった。今回、富岡町の避難者でもある知人から敷地の一部を譲り受け郡山社屋の建設に至った。

こちらも富岡の森で伐採した木材をすべて活用しているが、縦ログ構法に適するスギ材は富岡社屋への割振りを優先し、残りのスギ材とヒノキ、建築材料としてあまり使用されないモミ材も

活かすことを初期に設定した。平面計画のなかで、不整形の敷地形状をカバーすることや、隣の(知人が経営する)店舗との同居を図りながら、業務に必要な駐車台数の確保などが課題となったため、2階に配置した会議スペース下部を駐車スペースとして活用し、ピロティの下から中庭を抜けて南側奥に延びた執務空間が見える計画とした。2階執務室の小屋組の構造は、6.5m長にしたモミ材を使用し、連続する張弦梁の一室空間をつくり出した。　　（はりゅうウッドスタジオ）

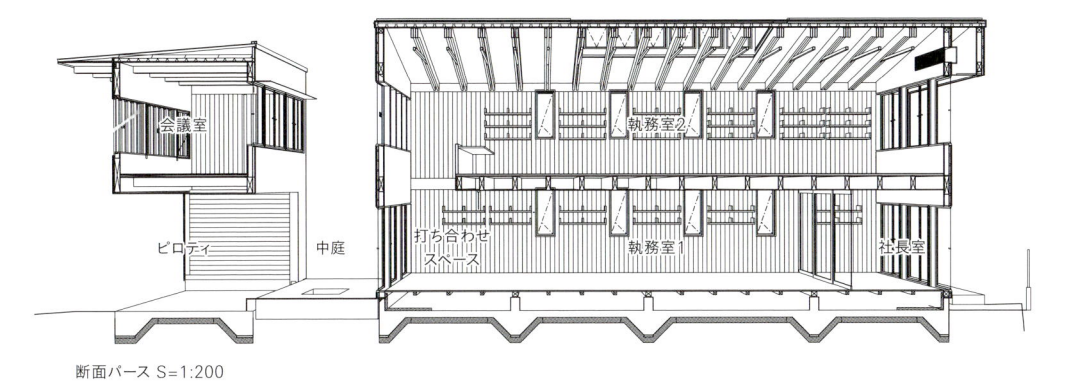

会議室

ピロティ　　　　中庭　　　打ち合わせ　　　　　執務室1　　　　　社長室
　　　　　　　　　　　　　スペース

執務室2

断面パース S=1:200

左：郡山社屋は張弦梁構造となっており、頂部は背の高い空間になっている。
右：中庭。左側に見えるのが打ち合わせスペース。

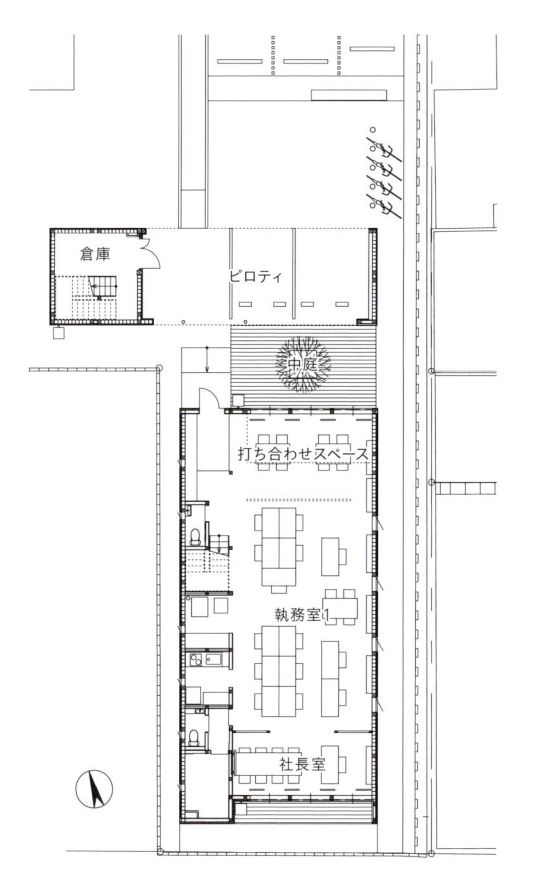

1階平面図 S=1:300

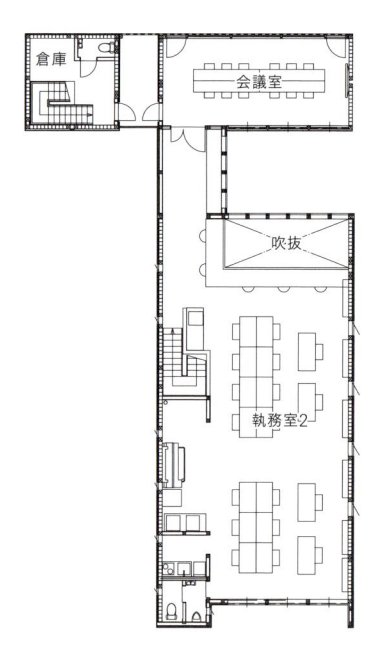

2階平面図 S=1:300

北側外観。縦ログ特有のスリット窓が特徴的なファサードをつくっている。

構造家の視点［濱尾博文（エーユーエム構造設計 代表）］

木構造という人類史的な構法において、ログハウス構造を構造的に分類すると、ハンドクラフトの昇華型ともいうべき範疇に来る。角ログをイカダ状に束ねて縦使いするという縦ログ構法のアイデアは、木構造の体系としてはさらに異端に属するだろう。かたや、エンジニアウッドパネル工法として昇華してきたCLT構造が、林業復活のホープとして国を挙げての構法開発が進められてきた。一見、縦ログとCLTパネル工法は、工学的なコンセプトが被ってしまったようにも思える。

　構造設計者の立場として、3.11大震災以降の応急仮設住宅の一工法として採用が決まった縦ログ建築物の構造設計に関わる機会を得て、また、CLTパネル工法についても複数の設計機会にも恵まれた。この経験を糧として、現在は、他の木造構法とは一線を画する、縦ログの構法的な魅力と優位性について理解するに至った。

　縦ログの魅力のベースとなるのは、まずは感覚的な、ログ材のもつ重量感、木質感、調湿や蓄熱機能、香りなど、誰もが憧れる木造の個性が失われていないことである。一方、工学的な特徴として、通しボルトで束ねたイカダ状パネル、接着剤で固められていないことによる適度な荷重変形能力、ログ材間の摩擦やめり込みによるエネルギー消費機構が期待できることが挙げられる。CLTパネルが強く堅くなりすぎて、接合金物の伸び能力に頼る設計となっているのとは、皮肉にも対照的な特性をもつ。

　さらに、縦ログ構法として施工令46条に適用

するための手引きが用意され、高度な構造力学の専門知識や複雑な解析をする必要がない。広く一般的に普及する壁量計算手法により設計できるということは、設計者の負荷をかなり低くしている。工学的な配慮は必要ではあるが、在来軸組構法との組み合わせなど、壁倍率という共通のプラットホームは、設計者の発想を妨げない。

　《ふたば郡山社屋》の構造計画に当たっては、事務所用途による大空間や、ピロティや中庭、建築体の意匠的演出など、構造設計上のいくつかの課題が挙げられ、縦ログの構造的なバリエーションにより、これを解決した。具体的には、耐力壁の配置計画における壁長さや厚み（クロスログの採用も含む）のきめ細かな適用、柱材と縦ログ、梁材のノングリッドな組み合わせ、構造用合板とのハイブリッド耐力壁、プレカット工法の採用など、縦ログならではの特徴を活かすことができた。

　構造上のさらなる試みとしては、2階の小屋組に、富岡町で伐採したモミ材60×210mmの材料を活用した8mスパンの張弦梁を実現している。製材により縦ログ材を確保した残りの表皮側の材料を効率よくこの梁材に当てることができた。

　パネル構法としての工業規格化の優位性もあり、接着剤を用いない自然素材による製品という魅力ももち、防耐火、耐震設計のプラットホームも用意された縦ログ構法は、CLTや2×4工法とは明らかに一線を画す。今後の普及、展開に大いに期待したい。

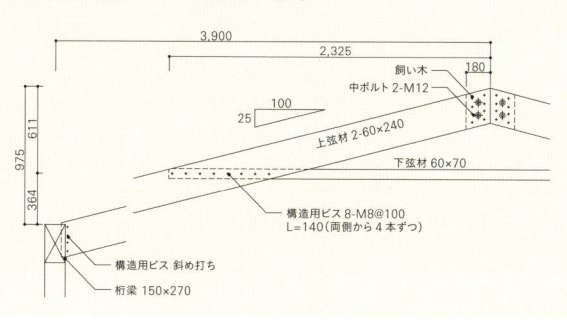

張弦梁詳細図 S=1:40

生きられる構法

遠藤政樹

［建築家／EDH遠藤設計室 代表
／千葉工業大学教授（建築意匠）］

Experienced Building System

一般的には、構法とデザインは別物と考えられている。構法は技術的問題を、デザインは人の生活を問題にすると、この場合考えられている。『デザインの鍵——人間・建築・方法』（丸善、1979）という著書がある。そのなかで著者の池辺陽は、人間を中心に据えて、デザインが何かを語っている。デザインとは、狭い意味でのかたちをつくることでなく、「人間生活の組織化と対応した空間の組織化」（同書、28頁）とある。形だけを問題にしてはいけないことをよく耳にするが、これは構法や生活についてもあてはまる。構法だけ、生活だけでもなく、これらを関係づけること。同書の「54ジョイント」に、その考えが具体的にされている。

　　あらゆるものの存在、空間の存在には、その内部にも外部にも多くのジョイントが含まれている。「ジョイント」とは、ものともの、または空間と空間、空間ともの、ものと空間のそれぞれがお互いに関係づけられていることをいう。関係づけられているということは、普通にいうジョイントのように何らかの技術で固く結びつけられるという意味だけではない。二つのものがおかれていれば、必ずその間にジョイントしての意味が生ずる。デザインは、突きつめていえば、

存在している空間やものに対してジョイントを見出し、それを何らかの方向で秩序づけることといってもよい。（「54ジョイント」同書、140頁）

この冒頭にある「ものの存在、空間の存在」を、「新しい構法」に置き換えてもそれは十分に説得力あるものとなる。では、どうすれば新しい構法が、狭い意味での技術的解釈にとどまることなく、社会・人間・空間・ものを関係づけ、方向・秩序づける技術として解釈され得るのだろうか？これが一連の縦ログ構法を用いたプロジェクトを通じて考えてきたことである。

　以下は、縦ログ構法研究会有志（難波和彦＋界工作舎、はりゅうウッドスタジオ、日本大学浦部研究室、EDH遠藤設計室）が試みてきた6つのプロジェクトとプロポーザルの紹介である。

1 老人ホーム＋診療所
アグリケアプロジェクト
（2015、茨城県つくばみらい市）

この建物は、2,000m²にも及ぶ19床の診療所と50床の有料老人ホーム施設である。福祉・医療施設としての採算性、7カ月の短工期、木のもつ素材感が期待され、施主とログ材で取り組む

《アグリケア》内観

こととなった。このプロジェクトにおいて縦ログ構法は、以下が実行された。

① 住宅を超える規模の縦ログ構法の問題点の再整理
② 中規模特殊建築への木造準耐火建築を実現
③ 構法の単純化をすすめ、短工期によるコスト削減と、未経験の地域工務店による工事管理の可能性の追究
④ 省エネルギー法を満足する断熱性確保を木打放し仕上げの実現

構法解説

- このパネルは、180mm×120mm×6本の製材柱幅1,080mmに規格化されたものである。
- 両端材心900mmを基本モジュールとした平面計画である。
- 基礎へのアンカーは、土台を通じて壁内（横）で行っており、2つの壁パネル間に、アンカー締付けのための木材1本分のダミースペースが必要となる。それは主に縦長開口とする。
- 本設計は大臣認定前の設計であった。そのため外側に合板を張り、燃えしろ設計により準耐火建築物を実現している。これはまた木材間の乾燥乖離防止に有効である。

- 天井高6m壁面の対風圧には2階床組が有効である。
- 6mスパンの梁は240mmの梁せいのある集成材で、在来構法で処理するセミリジットな接合である。
- 細長空間における短手の壁量不足が課題となり、平面計画上の工夫が必要となった。

2 びわのかげ屋内投球場
（2016、福島県南会津）

この建物は、福島県の復興のための長期利用可能なスポーツ施設であり、人々が集える場所である。スポーツ企業、ナイキジャパンを通して提供される寄付金の全面的な援助のもと、このプロジェクトを完成させることができた。敷地は、福島県南会津のびわのかげ運動公園内にある。まちの生涯学習課との話し合いから、この施設は、地域で盛んなソフトボールの冬期も利用可能な投球練習場（幅3.6m、長さ20.8m）となった。

　基本コンセプトは以下の5点である。

① 木造仮設・復興住宅で培われてきた技術の熟成
② 福島県内の避難者変化に合わせ、解体・移

《びわのかげ屋内投球場》外観

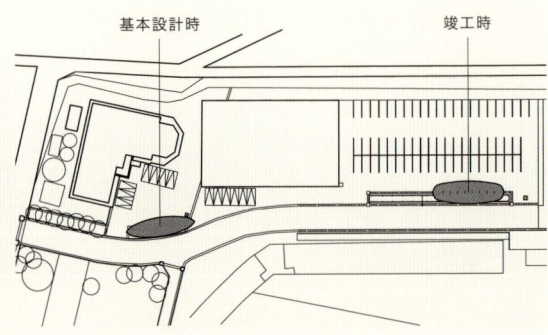

基本設計時　　　　　　　　　竣工時

《びわのかげ屋内投球場》配置図

築が可能な建築の提案

③ 集いの場として木をふんだんに使用し、木に対する地域住民理解の獲得

④ 主に接合ディテールを中心とした縦ログ構法の熟成と展開

⑤ 細長い大きな一室木造空間の実現

復興援助施設

- 震災後の将来計画が見えにくいなかで、南会津に移住してきた少年のための練習場とする。
- 将来の条件変化に伴い、移動・解体を容易な構造とし、時間スパンの長い施設とする。
- そのために、ジョイントに在来構法金物（パネリードやホームコネクター）を使用し、解体・移築の容易性を獲得する。
- 既存インフラに左右されない、簡易基礎の上の建物とする。

当初は公園管理棟近くの、排水路終端があるカーブした道路沿いの管理駐車場内に、既存インフラである排水路を移設することなく（無関係に成立する）、最大限の空間ボリュームを確保（道路いっぱいに）するように計画された（配置図参照）。この施設のかたちの根拠である。こうしたかたちが可能となるのは、自由度を備えた構法による。その後のワークショップを通じて管理駐車場の

窮屈さが指摘され、最終的に一般駐車場中央への移動となった。3.11以降の仮設住宅経験にしたがった地域工務店の技術を活用し、短期間製作、ローコストを実現した。

構法解説

- 180mm×120mm×4本を通しボルトで一体化させたW=720の縦ログパネル。
- 基礎とのジョイントにグルードインロッドを使用。連続的な（ダミー柱を必要としない）パネル組み立てを可能とした。
- 横力抵抗を高めるために、シアキーというものをパネル3カ所に設置。木材乖離による剪断力低下を防ぐための有効な手段とした。
- この建築は、曲げのない軸力のみで処理されている。梁を必要とせず、樽における箍があるような構造である。短手方向の壁量不足を、壁面上部を倒し閉じることで、力を縦ログ面均等に分散させる構成で解決する。
- 柱梁構成でない構造形式により、それ程大きな力を梁と柱のジョイント通じて流す必要がなく、木造常識にとらわれない力学的にあったジョイントの応用が可能となった。
- 縦ログ構法は、こうした自由度を保つ構法であった。

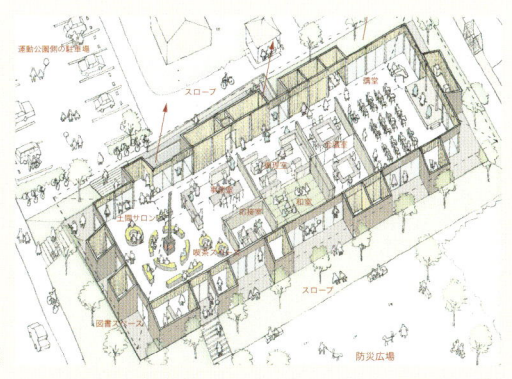

遊佐町まちづくりセンタープロポーザル案

木造は、木という本来生き物であったものを、人のための構造物として考案したものである。スチールという素材を知った現在は、木が脆弱で、多くの制限あるものに感じられる。しかしこれを使いこなしていく過程で見えてくるものがあった。それは、これまで当たり前とされていた木産業の技術慣例である。予算をはじめ伝統材料であるが故にそれが多い。その解決を見出すことは、デザイン以外のチャレンジングな作業であった。

3 遊佐町まちづくりセンター
プロポーザル案（2013、山形県遊佐町）

防災広場に面する木材をふんだんに利用した延べ面積750m^{2}のまちづくりセンターの計画である。2.7m角の縦ログ構法の箱を施設外周に20個配置し、その上に13.5mスパンの寄棟の屋根を架けている。縦ログの箱は、室内中央に開かれたアルコーブや玄関などとして使用され、中央がフレキシブルな大きな一室空間で、自由に間仕切ることが可能な空間である。箱間を開口として防災公園とつながる。縦ログの箱は構造であり、内外を関係させる中間帯境界を形成するものである。

4 南会津新庁舎プロポーザル案
（2014、福島県南会津）

中山間地域を活性化させるために、地域木材を最大限活用することが必要であるというのが、縦ログ構法の根底に流れる考えである。そのため、南会津に新しい役所をつくる際は、木造の低層開放型庁舎であることがふさわしい。主構造を木質ラーメン構造とし、これを補助する横力負担と外周の開かれた外壁ルーバーに、縦ログパネルが使用されている。最大650m^{2}の木材を使用し、町の90％にも及ぶ森林資源と産業を最大に活用することが考えられた。

5 医師会館ビル計画案（2015、三重県）

RCまたは鉄骨構造に代わる構造として、3層の木造耐火建築が考えられた。縦ログパネルを外壁ガラス面に垂直に配置し、それによって生まれる小空間が全体を囲む平面構成である。この空間は、小さな作業場や会議室であり、打ち合わせを経て明確な大きさが決められる。この空間の大きさは縦ログ構法の構造的特性に近く、ビルディングタイプが明確な場合の、小集団の働く環境を多層建築で実現する方法として考えられ

南会津新庁舎プロポーザル

医師会館ビル計画案外観

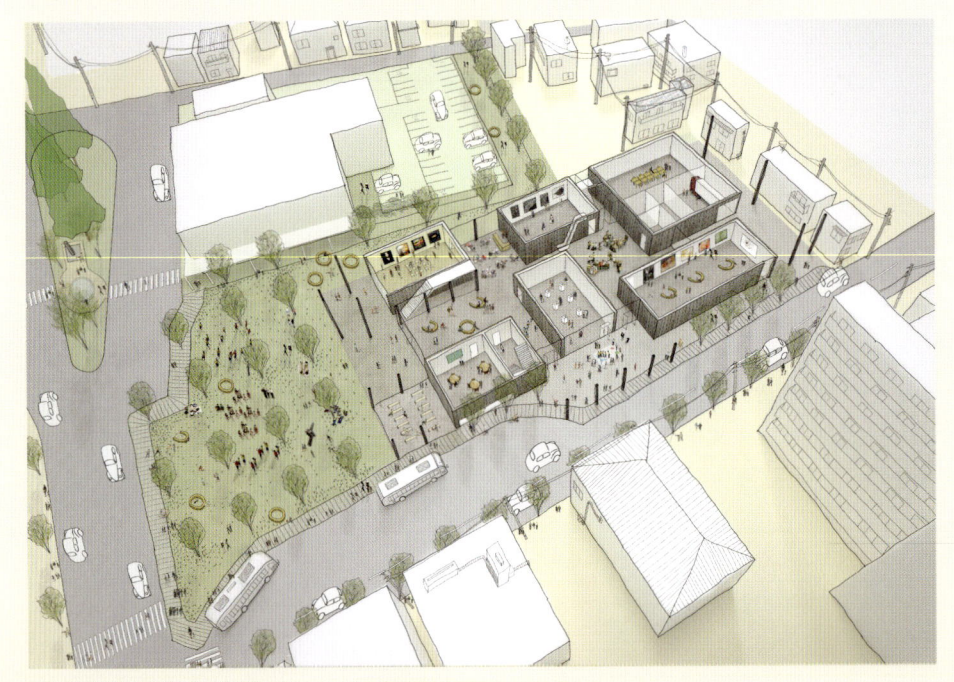

八戸市民美術館プロポーザル案

た。RCまたは鉄骨構造のセンターコア方式がもたらしたユニバーサル空間とは異なる考えである。

6 八戸市民美術館プロポーザル案
（2016、青森県八戸市）

地方都市美術館として、さまざまな人が常時利用する施設を目指した。そのため、縦ログ構法の6つの箱は、開口量と方向、空間のボリュームや性能がさまざまである。箱の組み合わせによりさまざまな企画が可能となる。カフェやショップ、箱の余白となる入館自由な空間の配置を工夫し、箱の稼働率が低い場合でも、人の往来がまちから垣間見える施設が考えられた。縦ログパネルをダブルにして、展示室の環境制御と展示品を守る耐火構造を目指した。

人を生き生きとさせる構法へ

縦ログ構法は、東日本大震災以降の新しい構法である。これまでの林業、建設業の再活性化が目的である。そのため、最も避けなければならないのは、これまでにない施工基準を導入し、構法を特権化することである。新しい構法は自由度が確保され、現在の鉄やコンクリートのような無限の成長を続ける構法でなければならない。

　日本の林業技術、木材生産技術、製材技術、木造施工技術、関連技術等々に関係する人は多い。縦ログ構法はそれを前提とした構法である。この構法では、産業技術ごとの区分がなされ、産業を超えた作業ラップが微妙に回避されている。つまり、既存の産業枠内で問題を局所的に対処する体制を維持させ、創造的な能力を解き放すことが目的とされている。その積み重ねによって全体の創造性も高める。たとえばこの構法では、木材接着技術を採用しないことにそれが現れている。木材接着技術は万能であるが故に、これまで培われた伝統技術の可能性が否定されてしまうことが多い。これを損失と考えた。つまり縦ログ構法とは、これまでの産業組織内に具体的な決定のオペレーションを委ねながら、産業組織を新たにガバナンスするものである。オペレーションとは具体的遂行である。一方ガバナンスとは、概念的に捉える方法である。このオペレーションとガバナンスのふたつによって、新しい世界をアップグレードする方法がここで考えられている。さまざまな専門家の技術は多岐にわたる。これらの集結を可能にし、それが媒体となって人を触発し、新しい思索と投機を促す。このことが、これからの建築の方向性であることを願っている。

構造設計者から見た
縦ログ構法の可能性

A Structural Engineers View
of Taté Log Building System's Potential

田口雅一

［建築構造デザイナー
／TAPS建築構造計画事務所 代表
／大阪芸術大学教授（構造設計）］

縦ログの構造体（縦ログパネル）については、秋田県立大学板垣直行教授を中心とした開発研究チームが、創意工夫を重ねて開発・実験を進めており、高耐力化・長大パネル化も視野に入れている。本稿では縦ログパネル単体ではなく、縦ログパネルを利用した構造デザインの可能性と問題点について述べる。

① 大空間化についての可能性

縦ログパネルの高耐力化・長大パネル化により、在来軸組構法では実現できなかった水平抵抗要素の集約による大空間化が可能となる。たとえば、センターコア部分に耐力壁を集約し、その外周に開放的な空間を配置するような平面計画および断面計画が可能となる。しかも、在来軸組構法のなかに縦ログを組み入れることが可能なので、高度な施工技術や特殊な工場加工を必要とせず、非常に手軽に実現できる点が特徴である。ただし、高耐力縦ログパネルの開発は順調に進んでいるものの、さらなる高耐力化に向けて、端部柱脚金物接合など解決すべき新たな問題点も見えてきた。また長大スパン化に伴って、鉛直および水平荷重の伝達と処理に必要な、面外および面内の耐力と剛性を備えた壁・床パネルの開発が必要となる。

② 耐力壁の偏在化についての可能性

縦ログパネルの高耐力化とそれに見合う床パネルの開発によって、ねじれ剛性も増大することになり、従来の在来構法よりも耐力壁の位置の偏在化が可能となる。①と併せて、平面・断面計画の自由度が格段に上がることになり、今までなら他の構造種別とのハイブリッドに頼らざるを得なかったような構造計画も、縦ログパネルを用いれば木造単独で可能になるものと考えられる。ただし、縦ログパネルはあくまでもパネル（面）であり、ラーメン構造のような均質なユニバーサル空間ばかりではなく、面で構成された分節が必ず生じることは理解しておく必要があり、この分節がプログラム上、意匠計画上、設備計画上必要な分節と一致しなければならない。

③ 外力に対するロバスト性についての可能性

①、②のような比較的アンバランスな計画を行った場合は、外力に対するロバスト性（冗長性）が低下するのが一般的である。しかし、縦ログパネルは面材ではあるが、パネルを構成する縦材一つひとつが独立した柱と考えることもでき、接合方法を工夫すれば、面材としての機能を失った後でも、急激な耐力低下を引き起こさずに済む可能性が高い。終局時に大きな強制変形を受

《葛尾村復興交流館》外観

けても、固有周期の伸長による地震動入力加速度の減少、および高いエネルギー吸収能力によって、倒壊に対する安全性は在来構法と比較すると、かなり優位であると考えられる。ただし、これを可能にするには、あくまでパネルの縦材と土台や梁との接合が適切であることが求められる。金物だけでなく木材部分にも十分な強度と靭性が必要で、施工性や経済的合理性も求められる。パネルの端部だけでなく、中央寄りの縦材と土台や梁との緊結についても実験や考察を進めなければならない。

《葛尾村復興交流館》で試みたこと

《葛尾村復興交流館》は、大きく交流ゾーンと放射性物質検査ゾーンからなる複合施設である。建物機能上、交流ゾーンのフリースペース、ワークショップスペースと検査ゾーンの検体処理室など、100m^{2}程度の大空間がいくつか要求され、さらに平面プランに合わせてカットされた切妻屋根を2つ合体させた、特徴のある大きな屋根面を支持する必要があった。これらの命題に対して地場産業に貢献でき、インテリア材料として優れた国産材をそのまま構造材、さらには外装材としても利用するために縦ログパネルを採用した。

ここでは、そのなかで試みた構造的工夫について述べる。

① 大空間化に対する試み

本建物では、大空間に対応した、いわば木打放し仕上げを可能にするため、（一財）建材試験センターにて2017年2月に行われた縦ログパネルの試験結果から算出されたせん断剛性とせん断耐力を用いて安全性を検討している。縦ログパネルは2016年9月にも性能評価書による壁倍率認定を一般階高（H=2,250–2,850）で受けているが、本建物のような比較的階高の高い建物（H=3,900）を想定し、耐力壁の更なる高耐力化を目指した今回の試験結果を用いた方が妥当である。耐力壁の更なる高耐力化を図るのは、安全側の配慮として、耐久性・使用環境・施工性などを勘案して耐力に余力を持たせる為である。ただし、高耐力化パネルも開発途中であり、今回採用したパネルでも壁倍率換算値は5.5倍程度である。したがって、単体パネルの耐力にも限界があり、それだけでは十分な壁量を確保できない為、縦ログパネルと在来構法の耐力壁を壁厚方向に重層化（二重パネル化または三重パネル化）した。壁の重層化は施工性と工事手順に配慮し、縦ログパネルを先に設置してから在来構法

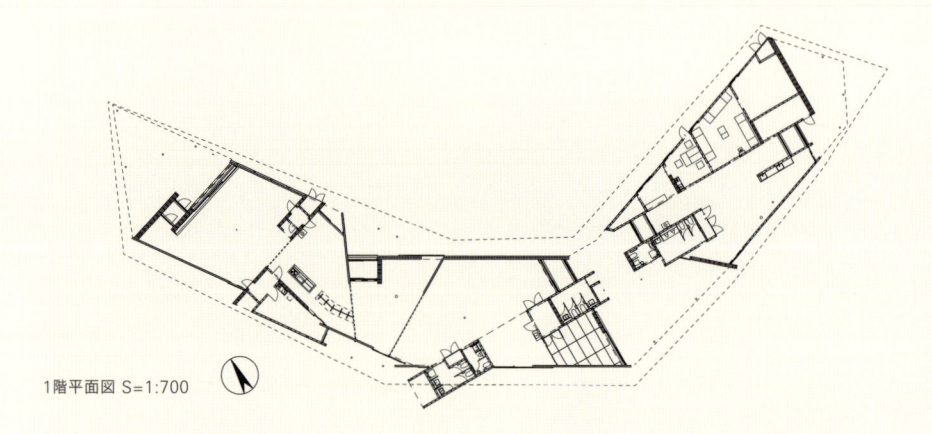

1階平面図 S=1:700

の柱・梁・筋違を片面より順次設置していく方法を採用した。この重層化パネルはかなりの高耐力となるので、屋根面の水平せん断力を十分に伝達できるようにその接合に配慮した。今後、この重層化されたパネルの代わりとなる高耐力パネルの開発が望まれる。

また本建物では、大空間中央の棟梁が勾配垂木を受けるので、その棟梁を柱（縦ログパネル）で支持しなければならないが、都合のいい位置ばかりに柱（縦ログパネル）を配置することは不可能である。そこで、まず空間機能上支障がなく、棟梁が支持できる位置に柱を立て、柱（縦ログパネル）から張間方向に持出した勾配梁でも棟梁を受けるようにすることで、平面計画を邪魔することなく、比較的大きな空間を実現した。この時、持ち出し勾配梁に勾配方向の軸力が発生するが、高強度・高剛性の縦ログパネルがこの梁軸力によるスラスト力を処理している。

屋根については、積雪はあるものの在来構法による強度と剛性で安全性を担保できるため、今回は勾配垂木を梁として扱い、構造用合板直張り工法を採用した。多層構造物の床や、耐力・剛性に余裕のある床・屋根を目指すには、今後、縦ログパネルを応用した高耐力・高剛性の床・屋根パネルの開発が待たれる。

② 耐力壁の偏在化に対する試み

①にあるように、本建物では高耐力・高剛性パネルの開発途中であるため、一定の制限のなかで構造上の工夫をしながら耐力壁の偏在化にも挑戦している。それにはまず、建物の機能上必要な分節を利用して耐力壁を配置し、次に全体の壁量と剛性バランスに配慮して耐力壁壁長に留意しながら耐力壁種別（換算壁倍率の差異による種別）を調整した。幸い、本建物は平面的に幾つかの軸を持った建物で、複合的機能の分節が分散し、①で述べた工夫により偏心率が0.15以下となり、非常にバランスの良い建物とすることができた。ただ、今回の場合、建物はほぼ平屋と言えるにも関わらず、平面形状、断面構成や機能の複雑さから解析モデルが独自性の高いものとなっており、体系的でない点は今後の課題である。これから開発する高耐力・高剛性パネル（床・屋根を含む）を用いて、比較的シンプルな平面・断面の建物の耐力壁をどの程度までの偏在が可能なのかを、体系的なモデル化手法を考案したうえで、定量的に追跡してみる必要がある。

③ 外力に対するロバスト性についての試み

今回の計画では、ロバスト性に対する新しい試みと断言できる取り組みは示すことができていな

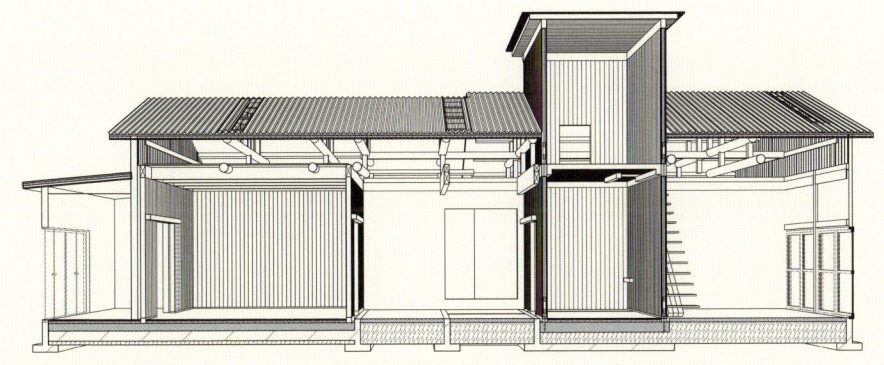

断面パース S=1:150

い。これは、我々が考えているロバスト性が終局時の安全性に関するものであり、復元力特性の設定を含めた弾塑性解析手法が確立していない為、定量的データが揃っていないことが大きな原因である。今後モデル化を含めた弾塑性解析と、その結果を基にしたデータ分析が待たれる。部材試験でロバスト性の可能性は明白であるが、その性能を向上させる上で開発中のパネルには改良の余地がある。

　以上のように、《葛尾村復興交流館》では縦ログ構法を採用し、品質性能試験結果や独自の構造手法を駆使し、バランス良く、安全性の高い建物にできた。しかし、今回の事例はあくまで先導的事例としての個別解であるため、今後、実施設計事例を増やしていくなかで、体系的かつ発展的な構造設計システムを構築していきたい。

改修時の縦ログ活用法について

縦ログを改修計画における構造補強として活用する場合に、大きな問題となるのが基礎を含めた既存構造部材との接合と施工方法の2つである。ここでは茨城県龍ヶ崎市のプロジェクトでの取り組みを紹介しよう。

　現状、開発中の縦ログは土台や梁に対して新規に考案された柱脚・柱頭金物で接続され、水平耐力はこの接合部で決定しているといって過言ではない。これは重点管理ができる点で優れているが、非常に信頼性が要求される部分が現場での施工に頼らざるを得ない改修工事では、施工の良否によって縦ログの性能が決定してしまう。また、金物の取り付け手順が若干煩雑であることは否めない。そこで、今回の構造補強では、縦ログの最大性能が必要ないことから、既存の基礎や梁などへの接続方法に工夫を凝らした。まず、端部柱は柱脚・柱頭金物で接続することを諦め、柱断面中央に空洞を設け、ロッドを通し、新たに設ける土間コンクリート下端と梁天端で、鉄板プレートによって固定することで、柱に発生する浮き上がり力を押さえ込むようにした。同様に上階の端部柱も、柱内のロッドを新設する床梁下端と屋根梁上端に鉄板プレートで固定した。この方法は柱脚・柱頭金物のように多くのビスを用いなくともカップラーのみで接続でき、力学的メカニズムが非常に明快で、施工方法も簡単となる。また、既存2階床や屋根梁と新設縦ログ上部の梁との接続も、ドリフトピンとエポキシ樹脂を併用し、簡単な施工方法で一体化を図った。これから増加するであろう四号建築物等の構造補強として最適であると考えられる。

3

縦ログ構法の開発

2011年に発案され、設計・建設されてきた縦ログ構法は、7年の月日を通じて、研究会メンバーのそれぞれの専門に合わせたさまざまな展開がなされてきました。

まず、構法としての一般性を確保するために、構造部材としての認定を獲得しました。パネルの構成を、つくりやすさと耐力、耐火性などを考慮して繰り返し開発してきました。今も認定のバリエーションを増やすために、継続して活動しています。

また、この構法がより普遍的に活用がされるよう、住宅や応急仮設住宅としてのモデル提案を行っています。縦ログ構法の生まれた経緯を考えると、これらのビルディングタイプにおける展開は、目指すところのひとつといえます。

Development of Taté Log

縦ログ構法開発における性能評価試験

板垣直行

［秋田県立大学教授（木質材料・構造）］

Performance Evaluation Test of Taté Log Building System

はじめに

縦ログ構法による建築は東日本大震災における応急仮設集会所《KAMAISHIの箱》でスタートした。その発想はパネル化されたログ材による壁式構法であり、パネル化による施工の合理性、解体・転用の容易性を意図したものであった。これに引き続き、復興住宅モデルとして《はりゅうの箱》《郡山プロジェクト》が提案されたが、これらは縦ログによる壁パネルを用いているものの、構造耐力上の性能は評価されていなかった。そのようなことから、芳賀沼氏から縦ログ構法を法令上で耐力要素とするにはどのようにすればよいかという相談を受けた。大手メーカーのパネル工法などは型式適合認定（建築基準法第68条の10）[1]を取得しているが、新たな構法として認定を取得することは非常に困難である。このため、既存の構法として法令上の解釈ができるように、開発を進めることとなった。

縦ログ耐力壁の開発への取り組み

縦ログ構法の核となる壁パネルの開発にあたっては、以下の3点がポイントとなった。

① 地域の一般的な製材所で生産できる梁・柱材をログとし、
　一般の工務店で大工が刻んで造れるものとする。
② 法規上は建築基準法施行令3章3節の木造の
　仕様[2]に則った、在来軸組構法とする。
③ 平成25年に改正された省エネルギー基準[3]に対して
　必要とされる断熱性能をクリアできる木材の厚みとする。

日本各地に豊富に存在するスギ材を有効活用し、各地に普及させるためには、特殊な加工機器や生産体制がなくても製造できることが必要である。また、従来のログハウス（丸太組構

法)の建築基準法関連告示における技術基準ではさまざまな制限があり、移築・改築等の自由度も制限される。このため法規上は在来軸組構法に位置付けられるようにし、自由度のある構法を目指した。さらに改正省エネ基準の義務化に対し、環境負荷が少なく、炭素固定効果も付加される木材を断熱材に用いることは、大きな意義とメリットを持つと言える。

　以上のような方針のもとに開発がスタートしたが、在来軸組構法として成立させるためには、縦ログパネルを壁倍率が認定された耐力壁とする必要がある。また建物の立地や規模などによって、防耐火性能が要求される。これらにより、縦ログパネルについて、耐力壁、防耐火の認定を取得することを目指した。

縦ログの構成方法

縦ログパネルについては、現在3パターンの断面構成を提案している。

　改正省エネ基準の外皮性能を達成するための断熱性能からすると、木材の厚さが最大240mm程度必要と考えられた。一方、住宅の環境性能を考えれば、壁には断熱のみならず気密性能、防水・透湿性能なども求められる。このため、木材を2層に分けて、その間を利用してこれらの層を構成することとした。その結果、断面182×120mmのログを長手方向に並べた壁を2層にして構成するＡタイプと、断面180×101mmのログを短手方向に並べた壁に、30mmの仕上げ木材の層を構成するＢタイプ、断面150×150mmのログを並べた壁に、30mmの仕上げ木材の層を構成するＣタイプをモデルとして開発を進めた。

　ログ材を並べた耐力壁の壁倍率を高めるには、ログ同士を連結するボルト、あるいはダボなどの本数を増やし、さらにログ同士を接着すれば、せん断性能は向上する。一方で、それらは加工手間を増やし、解体性を損なうこととなる。このことから接着剤は用いずに、ボルトとビスのみによって構成する方法を検討した。住宅程度での空間の利用を想定したＡ、Ｂタイプについては、2倍程度の壁倍率があれば良いと考えられたため、通しボルトを5段入れた壁とした。これに対してＣタイプについては、共同住宅、福祉施設、やや広い空間のある施設などでの利用を想定し、より高いせん断性能が求められた。ボルトやビスの本数を増やさず、接着剤も用いず、せん断性能を高めるにはどうすれば良いか？　この課題を解決したのが、ビスをせん断抵抗として用いるのではなく、引抜き抵抗として用いる方法であった。これにより、長ビスを木口から斜めに打ち込むという方法が開発された。

耐力壁としての性能と特徴

図1は面内せん断試験における履歴曲線である。これを見ると、Ａタイプではログ材をつなぐボルトのせん断抵抗およびログ材同士の摩擦抵抗によって、耐力壁としての剛性・せん断

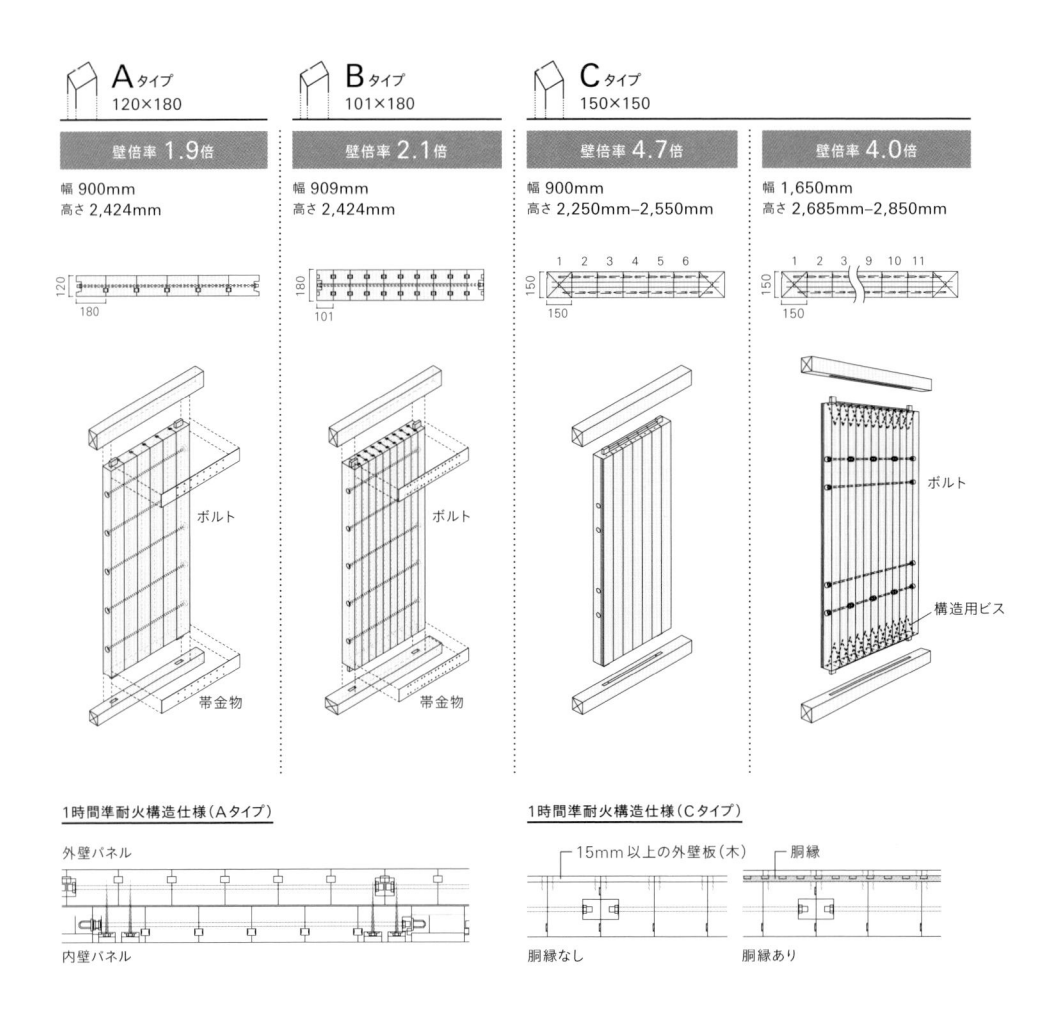

Aタイプ
120×180

Bタイプ
101×180

Cタイプ
150×150

壁倍率 **1.9**倍

壁倍率 **2.1**倍

壁倍率 **4.7**倍

壁倍率 **4.0**倍

幅 900mm
高さ 2,424mm

幅 909mm
高さ 2,424mm

幅 900mm
高さ 2,250mm–2,550mm

幅 1,650mm
高さ 2,685mm–2,850mm

ボルト

ボルト

ボルト

構造用ビス

帯金物

帯金物

1時間準耐火構造仕様（Aタイプ）

1時間準耐火構造仕様（Cタイプ）

外壁パネル

内壁パネル

15mm 以上の外壁板（木）

胴縁

胴縁なし

胴縁あり

耐力が得られている。ログ材同士の摩擦はダンパー的な挙動を示し、地震力の吸収などの効果が期待できる。これに長ビスによる拘束を加えると、Cタイプのように初期剛性が向上すると共に耐力が増大し、高い壁倍率が得られるようになる。相関変形角が1/50を超えたあたりでビスの引抜け破壊は生じるものの、ボルトの拘束とそれによるログ材同士の圧縮により耐力はその後も緩やかに上昇し続ける。このことは、建物が大変形を生じても高い耐力を保持し、倒壊の恐れが少ないことを意味している。

　最終的な性能評価試験結果では、壁倍率は以下のような性能として認定された。Aタイプの1P（900mm幅）で1.9倍、Bタイプの1Pで2.1倍、Cタイプの1Pで4.0倍、2P（1,650mm幅）で4.7倍。Cタイプにおいては、とくにパネル高さ方向においても、2,250–2,550mm、2,700–2,850mmまでの高さについては自由に設定可能である。

縦ログの防耐火性能

ログ材そのものは構造上の必要断面より過大な断面であるため、いわゆる「燃えしろ」の考え方を適用できる。したがって縦ログパネルにおいては、弱点となるログ同士の間からの燃え抜けを防ぐことが防耐火上重要である。ログ材同士は、やとい実＋発泡ウレタン樹脂系の防水パッキン（Aタイプ）、溝＋発泡ウレタン樹脂系の防水パッキン（Cタイプ）により防水性を高めており、ログの間から直接火炎や熱気が通り抜けることを防いでいる。

防耐火性能に関しては、住宅以外への活用を考慮し、A、Cタイプで1時間準耐火構造の性能評価を受けた。これらの壁においては、ログパネルに板張り外装仕上げを施

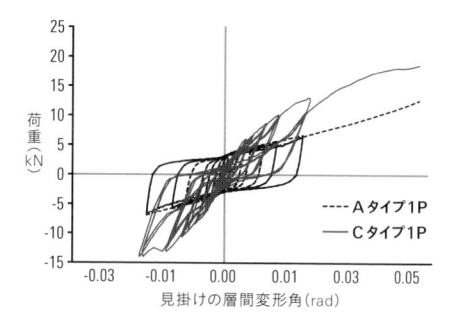

図1 荷重−見掛けの層間変形角履歴曲線

図2 加熱後試験体断面

し、その間に防水シートを付加している。1時間加熱において、裏面への燃え抜け、急激な温度上昇、変形はなく、これより1時間準耐火性能が認定された。試験後に解体したところ、加熱面側から50㎜程度まで炭化していたものの、とくに目地部は燃え進んでおらず、非加熱面は健全なままであった［図2］。縦ログパネルの場合、燃焼面の反対側が熱くならず、有害ガスが出にくいことも、避難時に有効な点として挙げられる。

縦ログ構法の特徴と今後の可能性

縦ログパネルは構造材のみならず、仕上材、断熱材を兼ねた機能・性能を有し、これをプレファブリケーションすることにより、施工の合理化、品質確保を図ることが可能である。また、パネルのみで架構を構成することもできるし、軸組と組み合わせて耐力要素として活用することも可能である。その上で、解体性に優れ、パネルの転用、さらにはパネルを解体してログ材の2次利用も可能である。したがって、丸太組構法、パネル構法、軸組構法のそれぞれの特性を、状況に応じて発揮しつつ、それらを複合した新たな構法としての可能性を有しているといえる。

当初は解体・移築を可能にする住宅構法として開発された縦ログパネルであるが、中大規模施設への展開も検討されている。学校や福祉施設などでは木質空間による親和性が

求められることも多く、2010年に施行された「公共建築物等における木材の利用の促進に関する法律」により、公共建築ではまず木造での検討がされている。このような中大規模建築においては耐力壁に求められる性能もより高くなるが、縦ログパネルの構造性能はビスなどの耐力要素からおよその設計が可能であり、既にビスの本数を増やした3.6–3.9m程度のパネルについては、実験から壁倍率7.0倍程度の性能を得ている。

　また壁以外にも床や屋根などの水平構面への活用も有効であり、今後床倍率の認定などの展開も含め検討中である。とくに、面部材でありながら一方向に特化した構造特性を持つため、CLTとは異なった部材の使用方法が期待できる。たとえば、曲げ性能が期待されるバルコニーなどの張り出し部分を持つ床版などでは縦ログパネルの方が有利である。一方でログパネルを直交して重ねる「クロス・ログ」の開発も進められており、CLTと同じような2方向に軸を持つ面部材としての活用への展開も可能性を有している。

　縦ログパネルは接着剤を用いていないため、ボルト・ビスを外せばログ材1本レベルに解体でき、柱などの部材としてリユースすることも可能である。そのログ材を板やチップに分解して接着積層することにより、集成材、OSB、パーティクルボードなどさまざまな木質材料にリサイクルすることもできる。もちろん、バイオマスエネルギーとしてのリサイクルも可能である。木材を多段階でカスケード利用し、できるだけ長く炭素を固定することにより、二酸化炭素の貯蔵は都市にも可能になる。

　これらの特性を活かすことにより、さまざまな規模、さまざまな構造への適用が考えられる。縦ログ構法は、その利用可能性がまだまだ期待できる構法といえよう。

註
1. 建築物（の部分）が「構造耐力、防火・避難など一連の規定に適合すること」をあらかじめ国土交通大臣が認定するもの。
2. 在来軸組構法等の木造は法令上この仕様に則って建てられている。丸太組構法、枠組壁工法は、それぞれ告示により技術的基準が定められている。
3. 改正された省エネルギー基準では外皮の断熱性能および一次エネルギー消費量による評価が導入され、断熱性能に関する指標が熱損失係数（Q値）から外皮平均熱貫流率（UA値）へ変更された。これについて、断熱等性能等級して地域ごとに部位別の断熱仕様なども設定されている。

縦ログ構法の開発
《箱の家》

難波和彦

［建築家／難波和彦・界工作舎 代表
／東京大学名誉教授］

Development of Taté Log Building System:
Box House

縦ログ構法の《箱の家》への転用

《KAMAISHIの箱》[p.034]によって、縦ログ構法の可能性に確信をもつことができた。しかしこれはあくまで仮設建築であり、移築して本設建築にするには3つのハードルを越える必要があった。1つ目は、構造システムとして法的な認定を受ける必要があること。2つ目は、都市に建てるには法的な耐火性能（準耐火）の認定を受ける必要があること。そして3つ目は、次世代省エネ基準をクリアできるような断熱・気密性能をもつことである。以上のような性能に関する大臣認定を得るために、数年前から性能の実証試験を繰り返し、基本的な構法については大臣認定を得ることができた。縦ログ構法の適用範囲をさらに拡大し、適正なコストに収めるために、いくつかの構法バリエーションについて実証試験が、現在でも続けられている。その報告は、板垣氏のテキスト[p.094]で報告された通りである。

　現在、私は《箱の家》という都市住宅のシリーズを展開している。《箱の家》は1995年にスタートし、2017年までに170戸が完成している。これまで《箱の家》シリーズには、在来木造、集成材造、鉄骨造、アルミニウム造などさまざまな構法シリーズがあるが、私としては、そこに縦ログ構法を加えて、シリーズをさらに多様化することを考えた。《箱の家》シリーズはすべて軸組構造だが、壁構造である縦ログ構法によって、新境地を開けるのではないかとも考えたからである。

　以下は、その開発プロセスの経過報告である。

建築の4層構造から導かれるコンセプト

《箱の家》シリーズは、私が大学の建築学科で建築デザインの指導と研究を進める中で構築した「建築の4層構造」というデザイン理論にもとづいてデザインが展開されている。「建築の4層構造」とは、建築を以下のような4つの層において捉える理論である。

第1層 物理性—— 建築は物理的な存在である。

第2層 エネルギー性—— 建築はエネルギーの制御装置である

第3層 機能性—— 建築は生活のための機能を備えている

第4層 記号性—— 建築は意味を伝達する記号である

　なぜこの4つの層なのか。最初のうちは、これ以外にも層があるのではないかと考えたが、最終的に建築を総合的に捉えるには、これで必要かつ十分であるという結論に至った。

　4つの層は、それぞれデザインによって解決すべき問題、すなわちプログラムをもっている。デザインの条件は4層のプログラムに分解することができる。第1層は、材料、構造、構法などの物理的条件、第2層は、エネルギーや温熱環境などのエネルギーにまつわる条件、第3層は、建物種別（ビルディング・タイプ）や用途などの機能的条件、そして第4層は、形や空間などの美学的条件である。

　さらに、それぞれの層のプログラムに対応して、それを解決するための技術が存在している。建築の技術には、物理的存在としての建築を作り上げるハードな技術だけでなく、平面計画・形態操作・解析技術・シミュレーション技術といったソフトな技術も存在している。現代の建築技術では、ハードな技術とソフトな技術が緊密に結びついている。ハードな建設技術はソフトな管理技術に支えられているし、構造設計や環境設計はシミュレーション技術なしには成立しない。4つの技術は、それぞれ独立した領域を形成している。それぞれの技術は、ある程度自律的なサブシステムをなしているのである。4つの層には、時間あるいは歴史が埋め込まれている。近代建築には、時間の視点が決定的に欠けている。サステイナブル・デザインでは、時間と歴史を条件として取り込むことが重要な課題となる。それぞれの層で時間と歴史がどのような様相を示すかを整理してみよう。

　第1層の物理性では、建築材料のリサイクルや再利用の問題となる。建築材料の耐久性やエイジング（熟成）・ウェザリング（風化）の問題もそうである。材料の風化は、これまでマイナスに考えられてきたが、時間を経て風化すると美しく見えるような材料も存在する。材料に時間を刻み込むことが建築の価値になるわけである。材料の風化が美しく見えることは、第1層である物理性が第4層の文化性に結びつくことである。

　第2層のエネルギー性においても同じことがいえる。エネルギーを時間で考えることは、建設に必要なエネルギーだけでなく、完成後にそこで生活が展開され、最終的に建築が寿命を終えて解体されるまでに費やされるエネルギーについて考えることである。このように建物の寿命とエネルギーの関係について考えることが、サステイナブル・デザインの重要な条件であることはいうまでもない。

　第3層の機能性において、時間は決定的な条件となる。住宅として設計された建築が美術館に転用されるような場合がある。昔の建築で現在も残っているものは、用途が変わるこ

とによって生き延びている場合がほとんどである。サステイナブル・デザインでは、機能に対応した建築よりも時間によって変化する機能を受入れるような建築を考える必要がある。既存の建物のコンバージョン（用途変更）やリノベーション（増改築）も時間の重要な問題である。こうした建築の機能性は、家族のライフサイクルやコミュニティといった社会的な側面と結びついていることはいうまでもないだろう。

　第4層の記号性には、人々の記憶に残る建築や街並の保存というテーマがある。建築や都市が持続する最終的な条件としては、それが文化的な財産として根づくかどうかが決定的である。物理的な耐久性と機能的な用途転換によって生き延びる建築は多いが、たとえ物理的に脆弱であっても、文化的価値が認められれば建築は持続するし、さらには伊勢神宮の式年造替のように、物理的な存在ではなく文化的記号（意味）だけが持続するような場合もある。

　以上を整理すると、以下のような「建築の4層構造」のマトリクスが得られる。

4つの層 （建築学の領域）	第1層 物理性 材料・構法・構造学	第2層 エネルギー性 環境工学	第3層 機能性 計画学	第4層 記号性 歴史・意匠学
視点 （建築の様相）	物理的な モノとして見る	エネルギーの 制御装置 として見る	社会的な 機能として見る	意味を持った 記号として見る
プログラム （デザインの条件）	材料・部品 構造・構法	環境・気候 エネルギー	用途・目的 ビルディングタイプ	形態・空間 表象・記号
技術 （問題解決の手段）	生産・運搬 組立・施工	気候制御装置 機械電気設備	平面計画・ 断面計画 組織化	様式・幾何学 コード操作
時間 （歴史）	メンテナンス 熟成と風化	設備更新 エントロピー	コンバージョン ライフサイクル	保存と再生 ゲニウス・ロキ
サステイナブル・ デザインの プログラム	再利用・リサイクル 長寿命化	省エネルギー LCA・高性能化	家族・コミュニティ 生活様式の変化	リノベーション 保存と再生

この「建築の4層構造」理論にもとづき、《箱の家》シリーズは、以下のようなコンセプトにしたがって展開されている。

① 工業化部品による構法の標準化によって、コストパフォーマンスの最適化を追求する。
② 自然のエネルギーを取り入れながら、省エネルギーで高性能な住宅を実現する。
③ 一室空間化によって、ライフスタイルの変化に適応するフレキシブルな住宅を実現する。
④ 単純でコンパクトな箱型デザインによって、サステイナブルな住宅を実現する。

このコンセプトを、《縦ログ構法・箱の家》の開発にいかに適用するかが課題である。

縦ログ構法にコンセプトを適用して開発する

まず、第1層の構造と構法については、《KAMAISHIの箱》の試みによって、縦ログ構法は地場の材木メーカーと大工によるローテクな工業化が可能であることが実証された。解体移築が可能であることも、これからの住宅にとっては必要な条件であると考えられる。構造体でありながら、なおかつ内偽装仕上げであることも、重要な可能性である。しかし、《KAMAISHIの箱》で採用した外装の焼成仕上げは、耐候性や外見においては優れているが、手間がかかりすぎるコスト的に難しいことがわかった。このため、外装仕上げは木材表面に耐候性の自然塗料を塗り、さらに直接雨が外壁に当たらないように、屋根庇を出すことで対応することにした。構造体のみに縦ログ構法を使用し、外装や内装を別に仕上げとすることも、選択肢として残されている。

　第2層のエネルギー性能については、いくつか難しい課題がある。まずスギ無垢材の場合、18cm厚ならば、かろうじて次世代省エネ基準の断熱性能を得られることがわかっている。縦ログ構法に使われるスギ材の標準サイズは18×11cmだが、これを使うと11cmを長さ方向に使用することになり、パネル化のモジュール寸法（尺間）に合せるのが難しい。しかもスギ材を一層で使うと、時間が経つと木が痩せて気密性が保つことが難しくなる。これは2年経過した《KAMAISHIの箱》で実証されている。したがって断熱性と気密性を保つために、まず木材を2層に重ねたパネルで実証実験を行い、耐震性能と防火性能の大臣認定を得た。最初の《縦ログ構法・箱の家》は、この構法を使ってデザインしている。しかしながら、後にこの2重パネルでは木材使用量が大きくなり、コストアップにつながることがわかったので、現時点（2017年）では、構造材には150cm角の規格材を使用し、断熱材を挟んで外装にスギ板材を張る構法に改良している。このパネルも耐震性能と防火性能の大臣認定を得ている。

　第3層の機能性については、《箱の家》の基本コンセプトである「一室空間住居」を、でき

るだけ実現するように努めた。壁長を確保するために、内部間仕切りが多くなり、内部空間が細分化されることが心配されたが、外周壁によって耐震性が確保できることが検証され、さらに外部に対する開放性も問題なく実現できることがわかった。

　第4層の記号性においては、基本的には壁構造である縦ログ構法によって、《箱の家》の内外に開かれた空間というコンセプトをいかに実現するかという課題がある。それ以外にも、スギ材外壁の耐候性を確保するための屋根と庇のデザインや縦材による窓のデザインといった細かな課題もある。

以上のような4層の課題を解決しながらまとめた《縦ログ構法・箱の家》の暫定的な案を、紹介する。これは、福島県いわき市の実在する敷地に当てはめて設計した案である。コスト面ではまだ多くの課題が残されているが、今後はこの案をたたき台にして、さらにコストパフォーマンスの良い《縦ログ構法・箱の家》を展開していきたい。

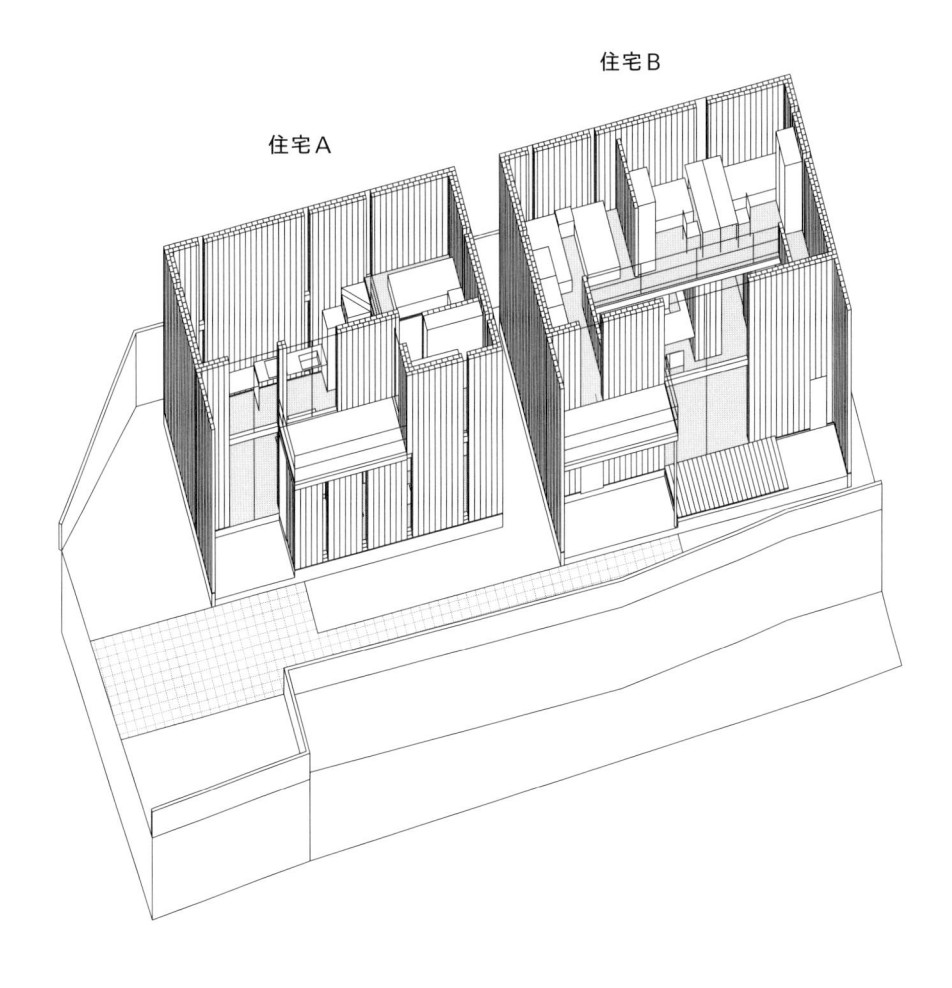

住宅B

住宅A

スギ材の縦ログ構法による2階建ての住宅です。182×120mmのスギ材をボルト留めすることによってパネルとし、これを2重に並べることによって断熱性能と防火性能を高めるとともに、縦ログ構法の欠点である、材の収縮による隙間風を防止します。これらの性能は実験によって確認され、次世代省エネ基準と低炭素住宅基準を達成しています。この構法によって、内外装ともスギ材によって仕上げることができるので、町並の景観に寄与するとともに、暖かい室内空間をもたらします。

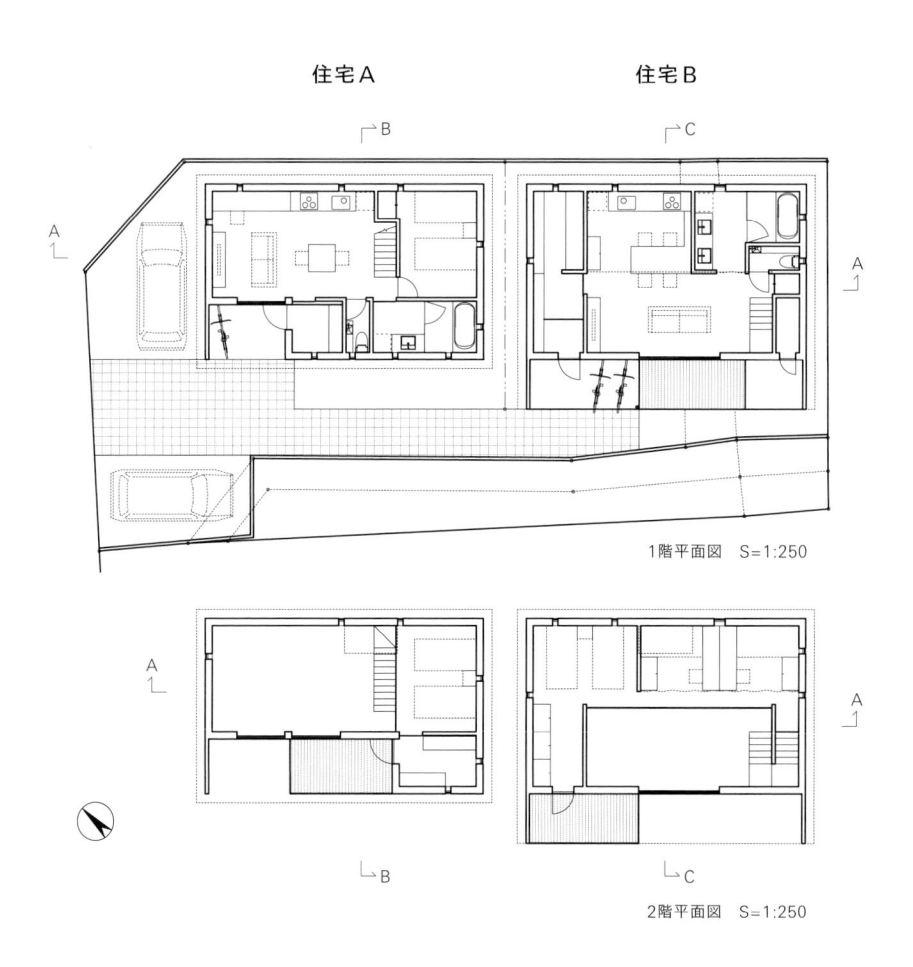

住宅A　　　　　　　　住宅B

1階平面図　S=1:250

2階平面図　S=1:250

住宅A

敷地面積	110.56m^2	述べ床面積	62.02m^2
建築面積	49.68m^2	施工床面積	73.61m^2
1階床面積	44.72m^2	建蔽率	44 94%
2階床面積	17.30m^2	容積率	56.09%

住宅B

敷地面積	142.63m^2	述べ床面積	83.55m^2
建築面積	66.24m^2	施工床面積	106.74m^2
1階床面積	44.68m^2	建蔽率	46.44%
2階床面積	33.87m^2	容積率	58.58%

住宅A

夫婦2人から最大で子供2人までの小家族のための住宅です。1、2階の個室と2層吹き抜けのLDKによって構成され、2階には物干用のベランダを備えています。奥行1間の深い庇によって日射を制御し、屋根の高窓によって負圧換気を行います。狭い敷地でも可能なコンパクトで高性能な縦ログ構法による「箱の家」です。

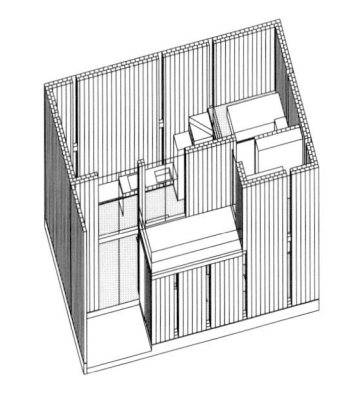

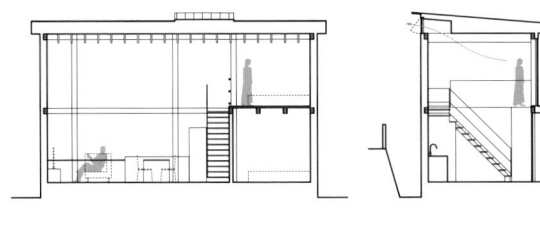

AA断面図　S=1:250

BB断面図　S=1:250

住宅B

夫婦と子供2人の家族のための住宅です。台所と食堂を一体化し、リビングを吹き抜けとして、寝室は2階に並べました。4人家族を想定して広い洗面所を確保しました。1階に木製デッキのテラス、2階に物干用のベランダを備え、奥行1間の深い庇によって日射を制御し、屋根の高窓によって負圧換気を行います。のびのびとした空間を備えた縦ログ構法版「箱の家」です。

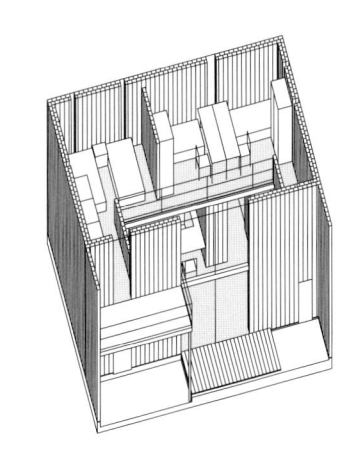

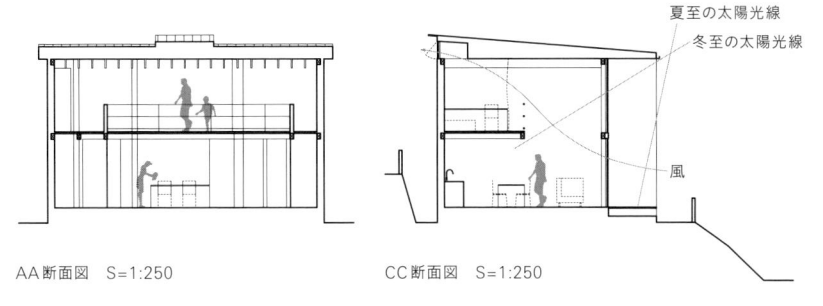

夏至の太陽光線
冬至の太陽光線
風

AA断面図　S=1:250

CC断面図　S=1:250

縦ログ構法 応急仮設住宅 開発への取り組み

秋田県立大学
建築材料学研究グループ
／はりゅうウッドスタジオ

Development of Taté Log Building System for Emergency Temporary Housing

東日本大震災においては、未曾有の被害がもたらされ、最終的に52,500戸にものぼる応急仮設住宅が建設されたが、これは阪神淡路大震災の48,300戸を上回る過去最高の戸数であった。応急仮設住宅は、これまで主に(社)プレハブ建築協会が供給を行ってきたが、大量の供給に加え、かつ早急な建設が求められたため、各自治体が地元事業者に対する公募を実施し、岩手、宮城、福島の3県において、9,017戸の木造による応急仮設住宅が建てられた。

これらの公募による応急仮設住宅は、各事業者が室内環境の向上に配慮したことにより、冬期の寒さや夏期の暑さに対して比較的過ごしやすかったという居住者の声が得られている。とくに木造仮設においては、木材特有の温かみや親しみやすさが、生理・心理的に良い影響を及ぼしていることも指摘されている。さらに、木造仮設住宅の建設は、地域木材の活用、地元雇用の促進などの社会的効果も大きかったと言える。

一方でその大量の仮設住宅を、供与期間が過ぎた後にどのように活用するかは大きな課題である。東日本大震災から7年が経過し、いよいよ仮設住宅からの退去が本格化しているが、役目を終えた仮設住宅が実際にどのように活用されるか注目されるところである。私たちはこのような背景を踏まえ、2013(平成25)年より日本学術振興会の科学研究費助成を得て、一般住宅に転用可能な木造応急仮設住宅の開発をスタートさせたが、それは、はりゅうウッドスタジオが取り組んできた丸太組構法による仮設住宅に、解体性、移築性の可能性を感じたからである。そして、その丸太組み構法の解体性、再利用性をさらに高めつつ、一般の住宅デザインに適応できるものへ改良することを目指し、縦ログ構法による応急仮設住宅が開発された。

応急仮設住宅に縦ログ構法を適用する利点として、①縦ログパネルのプレハブ化により工期の短縮を図ることができる、②解体性に優れ、二次利用において丸太組工法よりも自由度がある、③縦ログパネルが構造材、仕上げ材、断熱材として機能する、などが挙げられる。縦ログ構法は鉄骨系プレハブ工法と丸太組構法の両方の利点を兼ね備えた、応急仮設住宅に適した構法といえる。縦ログ構法の肝となる耐力壁パネルに関しては前述した通

り開発が進められたが、それを取り入れた応急仮設住宅モデルを建設し、構法の利点を検証することを試みた。

仮設住宅モデルの設計と仕様

平面計画

厚生労働省による応急仮設住宅の基本仕様では2Kタイプで9坪となっているが、東日本大震災後の調査においては、応急仮設住宅の居住者の多くが、部屋が狭いと感じているとのことである。そのため一室空間とし、開放的に使うことができるように配慮した平面計画を行った。また、居室と玄関の開口部は引違戸による掃出し窓とし、二方向避難の確保や採光、通風といった基本的な住宅性能を確保した[図1]。また開口部分には、秋田県立大学で開発した木ダボ接着接合によるラーメンフレームを設置した。

　仮設住宅に用いる縦ログ耐力壁パネルは、Cタイプの150mm角のスギ材を7本並べたパネルとした。施工性を考えてパネル同士は直接連結せず、土台および桁によって一体化している。

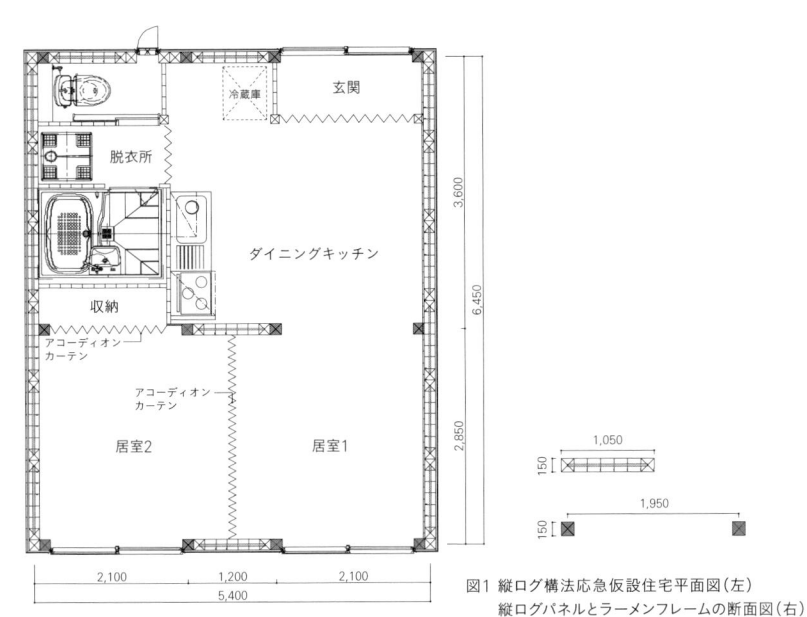

図1 縦ログ構法応急仮設住宅平面図（左）
　　縦ログパネルとラーメンフレームの断面図（右）

基礎・床組

基礎部分はコストと施工性を考慮して、コンクリートの独立基礎とした。床組は根太を省略して厚物合板（24mm）を大引きに直張りするネダレス工法を採用し、大引の間にポリスチレンフォームを落とし込んで床断熱とした[図2]。

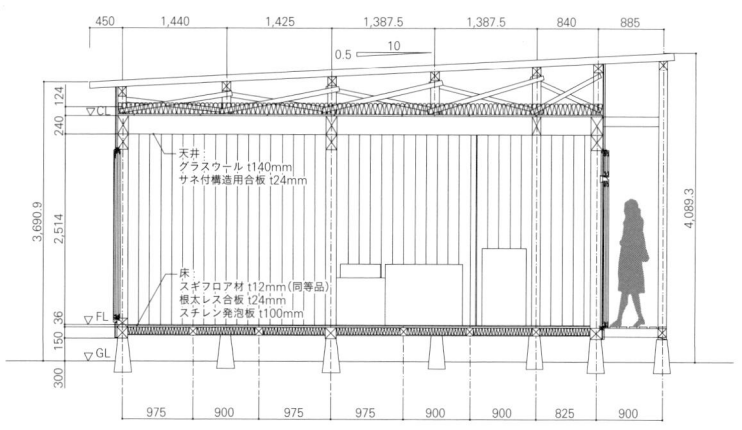

図2 矩計図

小屋組

水平剛性を確保するため24mm厚のスギ構造用合板を梁上に張り、コスト低減と施工性を考慮して、天井はそのままあらわし仕上げとした。また、屋根部分には金属折板を用いて、小屋組の簡素化を図った。一方、金属折板の場合、結露が懸念されるため、断熱材を裏打ちした製品を用いるとともに、通気面戸を設置することで小屋裏の通風を確保している。

外壁

土台、桁と縦ログ壁パネルは、パネル両端のログ材の柱頭・柱脚部を、10kN用引き寄せ金物に相当するプレート金物で接合する[図3]。また、縦ログ壁パネルのログ材同士の間にはシーリングテープを挿入し、さらに外気側に透湿防水シートを施工することで、防水性を確保しつつ気密性能を確保する[図4]。

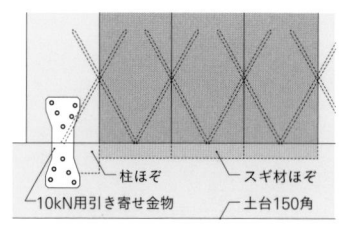

図3 壁パネル接合部詳細

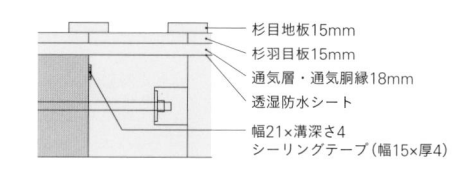

図4 外壁断面構成詳細

ラーメンフレーム

住居が連続する長屋方式の仮設住宅では間口側で最大限に開口を確保する必要がある。このプランにおいては縦ログ耐力壁パネルで必要な水平耐力を確保できているが、開口を最大限に取りつつ水平耐力を確保する方法として、あえて組み入れたものである。接合部

には径12mmの木ダボを計18本挿入し、ウレタン系接着剤により一体化している。今回用いたラーメンフレームは、相当壁倍率で0.3倍程度であるが、フレームの断面を大きくすることで、より高い水平耐力が期待できる[図5]。

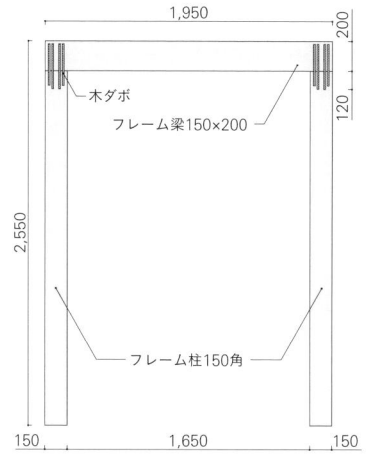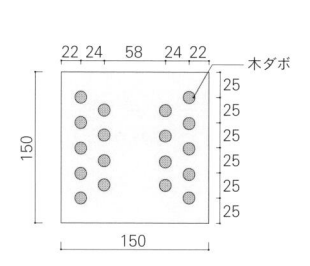

図5 木ダボ接着接合ラーメンフレーム（左）、接合部詳細（右）

断熱性能評価

断熱性能評価をするにあたって、外皮平均熱貫流率・日射熱取得率および暖冷房用エネルギー消費量計算プログラムQPexを使用し温熱環境のシミュレーションを行った[表1]。

外皮平均熱貫流率は0.610 [W/m²K] となり、平成25年省エネルギー基準において4地域（岩手県、宮城県、秋田県、山形県、福島県の沿岸部など）の基準を満たしており、縦ログ構法の応急仮設住宅は快適な温熱環境が得られると考えている。しかし、算出した値はあくまで理想的な状況下での値であり、現在、建設されたモデル建物において実測を行い、検証を進めているところである。

表1 断熱仕様と算定された外皮平均熱貫流率

| | 鉄骨系プレハブ応急仮設住宅 | | 縦ログ応急仮設住宅 | |
	断熱材	U値 [w/m²K]	断熱材	U値 [w/m²K]
屋根	発砲ポリスチレン板：t=40mm	0.42	グラスウール：t=140mm	0.25
壁体	発砲ポリスチレン板：t=40mm	0.79	スギ材：t=150mm	0.68
床	グラスウール：t=50mm	0.53	発砲ポリスチレン板：t=100mm	0.31
縦ログ応急仮設住宅の外皮平均熱貫流率				0.61

施工状況

震災直後の被災地においては重機や燃料等の不足が考えられるため、構造躯体の施工にはあえてクレーンなどの重機を用いず、人力で行った。

　縦ログパネルが構造材と仕上げ、断熱を兼ねることから通常の在来木造構法で行われる内装工事や断熱工事がほとんど省かれ、工程が大幅に短縮されることが改めて確認できた。一方で、施工時の養生や寸法精度の確保が必要であった。とくに縦ログパネル間の隙間が懸念される点であるが、今回は外気側の継ぎ目にシーリングし、透湿防水シートで被覆することで気密性を確保できたようである。

パネル運搬

ラーメンフレーム設置

壁パネル設置

小屋組工事

屋根工事

外装工事

縦ログ構法応急仮設住宅の可能性

仮設住宅モデルの建設において、縦ログ壁パネルのプレハブ化によって木工事、内装工事、断熱工事が大幅に省略され、施工性が向上することを確認できた。また、縦ログパネルを断熱材として算定しても平成25年省エネ基準を満たす断熱性能が得られており、応急仮設住宅のみならず恒久住宅としても十分な温熱環境を確保できる可能性が示された。現在、モデル建物を用いた実測や、壁パネルについての熱貫流率試験を行い、それらを検証しているが、想定した性能が期待できそうである。

　一方で、応急仮設住宅に縦ログ構法を適用するメリットの「転用」については、まだ十分な検討ができていない。そのまま移築する以外にも、さまざまなプラン、用途への壁パネルの転用は可能と考えられる。そのような利用を実現することによって、縦ログ構法の総合的なパフォーマンスがさらに証明されるであろう。

北側外観（上）、居室内観（左下）、ダイニング内観（右下）

震災と
縦ログ構法

Earthquake Disaster
and Taté Log Building System

浦部智義

[日本大学准教授（建築・施設・地域計画）]

はじめに

日本大学工学部では「LOHAS（Lifestyles of Health and sustainability）」を学部のコンセプトに据えて「ロハスの工学」を実践している。私も工学部に赴任してからは、それ以前から取り組んでいるさまざまなタイプの施設建築の地域でのあり方に加え、《ロハスの家》など、より住環境に近い所で持続可能な社会につながる建築のあり方にかかわるようになった。

　それは、福島県では、東日本大震災ならびにその後の原発事故（以降、3.11）以前から、たとえば《ふくしまの家》のような、地域の企業による地域の木材をより積極的に利用した地域循環型の住宅づくりを通して、ロハスの工学にも関係するような、広い意味での環境と建築の取り組みが行われていることからすると、自然な流れであった。一方、地域など無関係に、ボーダレスに、ひと・もの・情報などさまざまなものが行き交う時代において、その範囲にもよるが、地域循環が容易には成立しない難しさも体感していた。

　そんな折、3.11後の復旧・復興に際して、仮設住宅や復興住宅においては県という枠組み、より被災地に近い所で本格的な復興にかかわる建築においては市町村という枠組が強くなり、木材や構法なども含めて、地域における建築をより意識する取り組みにかかわることとなる。

木造仮設住宅への取り組み

3.11直後は、福島県内では双葉郡の住民を中心に、約16万人の方々が福島県内外への避難者となった。その状況に対応すべく、県内では応急仮設住宅（以下、仮設住宅）の整備が始まった。避難者数が膨大であったため、仮設住宅建設の用地確保や入居までの迅速な建設が難しく、仮設住宅だけでなく民間のマンションやアパートに住む借り上げ住宅（通称、みなし仮設）の数が相当数に上った。一方、仮設住宅に目を向けると、一般社団法人プレハブ建築協会によって1万戸分が整備されたが、それでは不十分で、特筆すべきは、結果的に6,500戸以上が県内の公募型事業として整備されたことであった。県内公募の仮設住宅建設に採択された団体の体制は、仮設住宅建設の主体となる施工者のみでなく、設計者などの専門家や木材供給者などの専門業者との連携を図ったものが多く、審査時には体制づくりも評価の対象とされた。3.11の影響で地域経済が混乱するなか、県内の多くの企業がこの事業にかかわることで、地元の地域経済の活

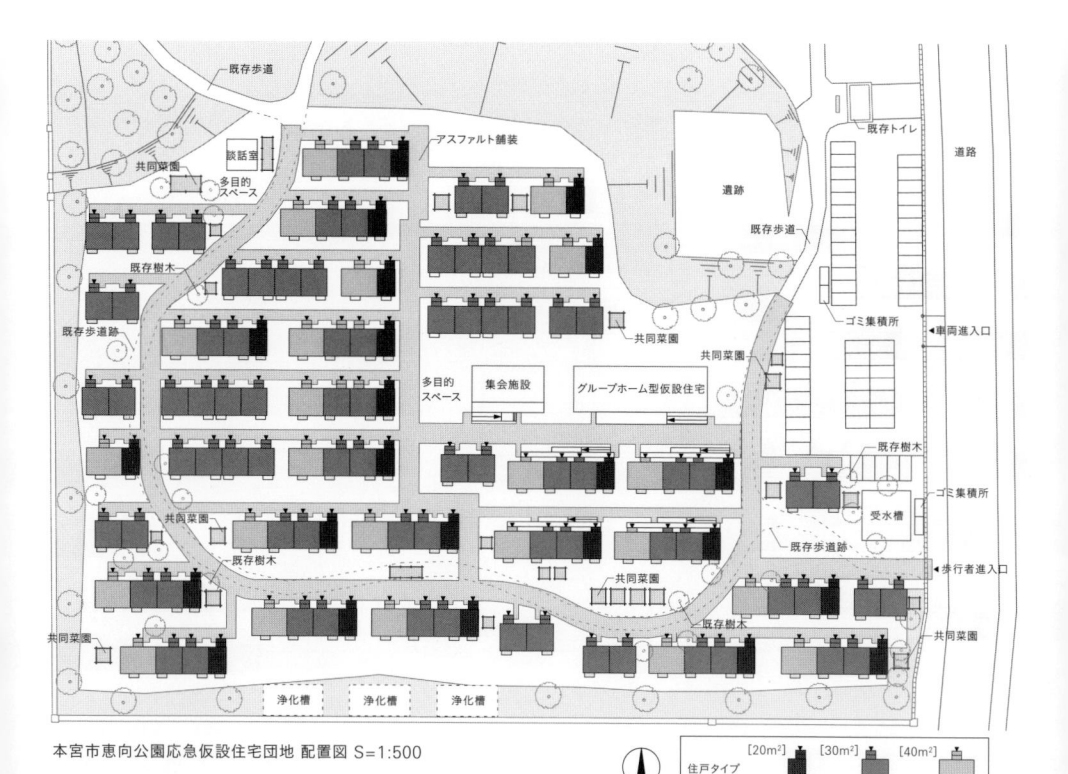

本宮市恵向公園応急仮設住宅団地 配置図 S=1:500

住戸タイプ [20m²] [30m²] [40m²]

性化のみならず、長期化が予想される避難者の雇用を積極的に行う体制もあった。このことが、その後の地域発の復興に向けた取り組みに発展することを期待されていたことは論を待たないが、「縦ログ構法」の開発もこの体制づくりが出発点といえよう。

また、その公募への応募に当たっては、モデル団地における建築計画の提案も求められた。評価が高かったログハウスの例では、いわゆる兵舎型の単純な配置ではなく、変化のある住棟の配置、玄関の向かい合わせる、敷地内にミニ共同菜園を設けるなどの工夫がなされた。つまり、仮設住宅の供与期間の2年を超えて長期化するであろう避難生活を想定して、一般の住宅団地を計画する意識で、コミュニティのあり方に対するさまざまな提案が求められた。その際、たとえ

ばログハウスでは、構造となるログ材が外装・断熱・内装材を兼ねる合理性と共に、内部・外部空間の木肌感が特徴となったが、ログ材による統一感を越えて、仮設団地の核となる集会所などには特徴ある空間も期待された。それらをとおして、現在の「縦ログ構法」につながるようなより魅力的な空間としてログハウスの発展形が、求められていった。さらに、仮設住宅としての役割を終えた後の移設や間取り変更など再利用しやすい構法として、また工期の短縮化の観点からも現在の「縦ログ構法」につながるスタディが始まった。

仮設期から復興への手がかり

3.11直後には帰還せず、その後5年目を目処に

帰還に向けた準備をする市町村も多かったが、その期間が過ぎた現在、帰還する場合は3つの区域区分のうち、帰還困難区域に先だって、避難指示解除準備解除区域と居住制限区域の避難指示が解除され一部で帰還が始まっている。

　また、双葉郡を中心とした帰還を目指す自治体は、それぞれ帰還に向けてインフラの整備や復興拠点の計画、また土地利用計画などの再編を進めている。現段階では、元の住民に対する帰還希望者の割合は高いとはいえない状況のなかで、企業の事業所や商業施設の再開なども検討されており、高齢者を中心に帰還への準備・対策が徐々に行われている。

　この間に、上述した仮設住宅再利用のスタディが行われた。ログハウスは復興公営住宅などの本設の住宅としてではなく仮設住宅として移設された。間取りや大きな仕様の変化はなかったが、移設後に地盤の問題もあり基礎がコンクリート仕様となって移設されたものがある。この移設は、仮設住宅の移設・再利用のコスト面も含めた検証にもつながり、現在、ログハウスの本格的な再利用が行われるに当たって、貴重な参考事例になっている。

　そもそも再利用のシステムをもつプレハブ仮設と比べて、再利用の実績のない木造の仮設住宅

の取り組みは、再利用を前提とした場合にはさまざまな工夫が求められる。たとえば、各部位の部材数を少なくして、再利用時の解体・移設の施工の工程を減らす工夫や、接着剤の利用をなるべく避けた乾式工法による施工も求められるであろう。ログハウスでその可能性をある程度示せるといえるが、《KAMAISHIの箱》で実践したような仮設の段階で壁を中心にパネル化された「縦ログ構法」がより数多く展開できていれば、また違ったさらなる可能性を示せたかもしれない。

復興と木造仮設の再利用に向けて

そんななか、避難者の方々が元の住まいに戻ることも含めて住まい方の選択肢を広げることや、木造仮設住宅の再利用を想定して始まったのが《小規模コミュニティ型復興住宅技術モデル群（希望ヶ丘プロジェクト）》のプロジェクトであった。用途としては福島の復興に向けた活動のプラットフォームである。建築としては、敷地を分割して分棟とし各々に距離を保ちながらも、軒高やデッキのレベルをある程度揃えるなど、中庭に対する働き掛けによって棟間の関係性をつくり出している。また、大通りに対して開放性が高い棟を配置し奥行き感を出し、通りに対して木仕上げ

を見せることも意識している。

　現代的なコミュニティ・ケアを意識して、無理に統一することなく自由度を保ちながら一体感を醸成した結果、復興の住宅・施設群のモデルのみならず、空き地に対応した、街なかの小規模開発としても意味のあるプロジェクトとなった。この《希望ヶ丘プロジェクト》の1棟は「縦ログ構法」で建設され、地場のスギ材を地域内で製材・乾燥を行うなど、一貫した福島県内の地産地消システムのなかでつくられている。地場材の

大量利用や地元大工が参加できるプレハブ化など、システムとしても地域経済への定着を考慮しており、また壁に用いた厚めのスギ材パネルによって、環境的にも次世代省エネ基準の数値を意識しながら、内外の仕上げが木のあらわしの心地よい木質空間の実現を目指している。

　すなわち、この《希望ヶ丘プロジェクト》は、「縦ログ構法」も内包しながら、木材の材料としての潜在性、建築としての拡張性を追求し、さらに地域に根づくシステムの構築を目指した。

4

これまでにも、縦ログ構法が森と深いつながりをもち、森によって生み出された構法であることにたびたび触れてきました。4章では、縦ログ構法が実際にどのような必然性をもって生まれ、森に対してどのような効果をもつのか、2人の専門家から文章を寄せていただきました。

餅田治之氏は国内外の林業問題に広く通じておられる林産業の専門家です。戦後日本の林産業の傾向から、縦ログ構法がどのような可能性を持ち得るかを書いていただきました。

網野禎昭氏は木造構法の専門家であり、自身も多くの木造建築を設計されています。「縦ログ」の発想の起源として、中世ヨーロッパで用いられていた「パリサーデ」を引き、歴史的な観点からその可能性と課題を示されています。

また、縦ログ構法が生まれた東北中山間地の実情と実用に際してのノウハウをまとめた、研究会メンバーのテキストも章末に付しています。

Forest and Taté Log

日本の森が抱える問題

餅田治之

［筑波大学名誉教授／林業経済研究所フェロー研究員］

Challenges
Facing Japanese Forest

縦ログ構法は、住宅建築の構法として数多くのメリットをもっているが、山から木材を生産し、製材加工するまでの工程、すなわち林業・木材産業の分野でも、数々の可能性を含んだ構法である。ここでは地域の林業・木材産業にとって、縦ログ構法がどのような意味をもっているか考えてみたい。

日本林業をめぐる状況

近年、わが国の木材産業は、国産のスギやヒノキの価格が低下したことを受けて、製材工場や合板工場などでは、国産材を利用する動きが顕著になり、外材から国産材への原料シフトが進んでいる。かつてわが国では、国産材は外材に押され次第にシェア低下させていき、自給率は18.8％（2002年）にまで低下したが、その後やや持ち直し、今日では33.2％（2015年）にまで回復してきている。

　しかし、国産材の需要が回復したことは日本の林業にとって歓迎すべきことではあったが、喜んでばかりはいられなかった。というのは、まず第一に、木材の加工・流通市場で大きな構造変化が起き、規模の大きな製材工場しか生き残ることができない、中小工場にとってはきわめて困難な状況になってしまったことである。じつは国産材の自給率が18％台に低下する少し前から、建築用材の製材では、外材に代わって国産材が少しずつ復権し始めていた。それは、生産コストの低い大規模な製材工場が、山村に立地する小規模工場を駆逐する形で進められた。そのため、わが国の製材工場は、1998年には23,000近くあったものが、毎年500工場くらいずつ減り続け、17年後の2015年にはとうとう5,200工場になってしまった。その分だけ山村住民の雇用機会も失われることとなった。

　第二は、流通市場の構造変化と表裏の関係にある住宅供給の構造変化である。近年では在来構法のほとんどはプレカット化され、2×4構法にすらプレカットが普及する時代に

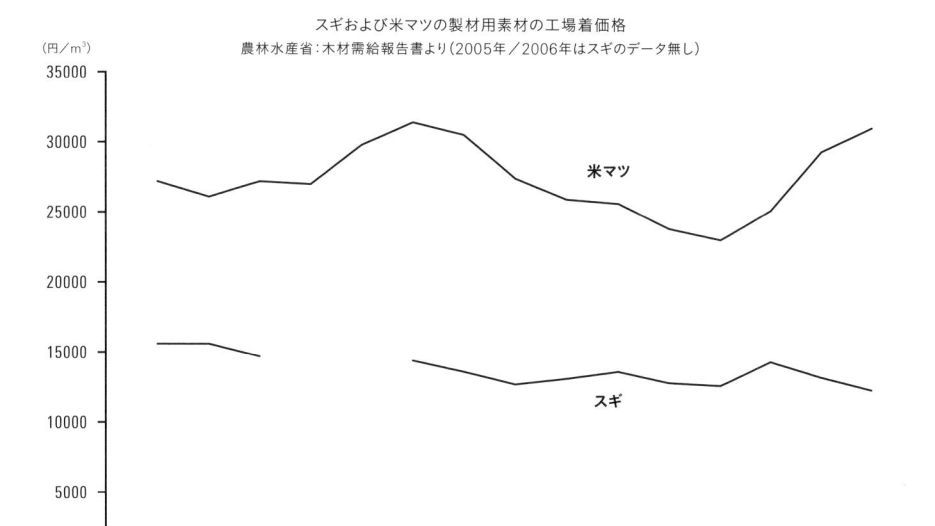

スギおよび米マツの製材用素材の工場着価格
農林水産省：木材需給報告書より（2005年／2006年はスギのデータ無し）

なった。その結果、地元の大工・工務店によるきめ細かな住宅供給に代わって、大手住宅メーカーや地域ビルダーのシェアが飛躍的に高まった。このことによって、木材市場ではより安い製材品が大量に求められるようになり、住宅部材の規格は単純化され、供給ロットも大型化した。その意味でも山村の小規模な製材工場は、次第に淘汰されていかざるを得なかったのである。

　第三は、縦ログ構法と直接の関係はないが、合板工場の動きについてである。以前わが国の合板工場は外材を原料としていたが、今日では約8割が国産針葉樹（主にスギ）である。それは外材に比べて国産材の方が安くなったからに他ならない。合板工場の原木消費量は規模が大きいので、合板の国産材へのシフトは国産材流通の大規模化をもたらした。このことは製材工場の大型化と相まって、安い国産材の流通を定着させる決定的な要因となった。

木材産業の「ユニクロ化」

このように、最近の10年から15年くらいの間に、日本の木材産業では、生産・流通の大型化、コスト低下と安価な木材、規格の単純化などを追求する動きが極端に強まった。いわば木材産業における「ユニクロ化」＝「安い規格化された製品を大量に供給する仕組み」が進行したわけである。そしてこの「ユニクロ化」した日本の木材産業は、それなりに生産性が高く、国際競争力も高まったために、丸太や木材製品の輸出を意識した「木材産業の成

長産業化」を求めようとする社会的風潮をもたらしたのである。しかしそれは山村にあった小規模製材や小規模流通の淘汰の上にもたらされたものであった。

　しかし木材産業の「ユニクロ化」は、小規模な製材工場の淘汰や木材流通の大型化をもたらしたばかりでなく、むしろ山村の林業生産により大きく深刻な打撃をもたらした。というのは、もともと木材産業の「ユニクロ化」は、安い木材価格を前提として初めて可能となるものであるから、森林所有者の収入となる森林の立木価格は低下し続けてきた。かつて最高時には1m^{3}当たり22,700円（1980年）であったスギの立木価格はほぼ直線的に低下し、今日ではわずかに2,800円（2015年）になっている。この立木価格の低下によって、わが国の山林経営は、造林補助金を前提にしてもほとんど利益が期待できない産業になってしまった。その結果、山林所有者の経営意欲は極端に低下し、かつて造林した森林の手入れの放棄、伐採跡地を造林しないまま放置、林地の境界の不明確化、所有者不明の森林の増加など、「成長産業化」とはまさに正反対の、林業の存続自体が危ぶまれるような状況が次第に明確になってきたのである。

山村に優しい縦ログ構法

木材産業の「ユニクロ化」によって山村の森林経営や小規模製材工場が立ちゆかなくなってきているなかで、縦ログ構法は「ユニクロ化」のマイナスをカバーし、森林経営の存続や小規模な製材工場の維持・再生に貢献できる可能性を秘めているのではないかと考えられる。まず、縦ログ構法で利用される木材は、枝打ちや間伐を繰り返した手入れの行き届いた森林でなくても利用可能であるため、ことさら優良材生産を目指した林業地でなくても、原木供給に不都合はないことがあげられる。ということは、吉野・秋田・尾鷲といった昔からあるスギやヒノキの有名産地でなくても、どこにでもある手近な戦後造林地の森林を原料とすることができることを意味している。

　また、縦ログ構法は一般的な角材（正角や平角など）をボルトやビスで止めてパネルをつくり、それを組み合わせて住宅をつくる構法なので、使う部材と技術はかなりシンプルでなのである。そのため丸太を加工する工程も、従来から山村で稼働していた小規模な製材工場でも十分対応可能であり、フィンガージョイント（木材の端部同士をジグザグに切削し、接着剤で接合する加工方法）や集成加工の工程はないので、製材工場以外の特別な加工施設も原則として必要ない。山村に今ある製材工場とその製材工場が持っている製材技術があれば、縦ログの家をつくることは可能である。ただ、製材した角材の乾燥だけはきちんとしなければならないので、乾燥機と乾燥技術は要求される。

　このように、縦ログ構法の住宅を供給しようとしたら、普通の森林資源と在来型の製材システムがあれば対応可能なのである。　一方「ユニクロ化」した住宅供給は、大量の住宅

需要が必要だし、大型で近代的な木材加工施設と技術が要求され、このシステムに乗り遅れた地域は次第に淘汰されてしまう。さらに縦ログ構法は建築工程そのものも比較的単純で、小規模な住宅供給であってもコスト低下が可能な構法だと思われる。その分、立木を高く買うという形で森林所有者に利益還元が可能なシステムだと言うこともできる。そういう意味で、「ユニクロ」型の住宅供給が大型の生産・流通・住宅供給システムであるのに対して、縦ログ構法は小規模生産、従来型木材加工システム、山村に優しい木材生産システムなのである。

一般的な小規模製材工場

パリサーデから縦ログへ

From Palisade to Taté Log Building System

網野禎昭

［法政大学教授(木造建築)］

縦ログ構法の起源 —— パリサーデ

丸太や角材を縦に並べて壁体をつくる方法を縦ログ構法とするならば、その起源はたいへん古いものである。年代特定に力点を置く必要はないが、原初の縦ログ構法は、パリサーデ〈palisade(英)〉と呼ばれ、丸太を横積みしたいわゆる丸太組構法よりもプリミティブな構法とされる[図1]。単純なパリサーデは、人間が持ち運びできる大きさの丸太を直接土中に掘っ立てて並べることで壁をつくる方法である。古代ヨーロッパや北米インディアンの城壁では仮設工作物として利用されていたようだが、恒久的な建築物としての例も、世界最古の木造教会とされるグリーンステッド教会〈Greensted church(英)〉に見ることができる。9世紀半ばに遡るとされるグリーンステッド教会の身廊部のパリサーデは、腐りやすい掘っ立て柱ではなく、オークの半割り丸太を土台上に立て並べ、これらを相互に雇い実と桁により連結した構造となっている[図2、3]。

　パリサーデは、単純に丸太を並べるだけの簡便さ故に、古代社会において普及したに違いないが、その後は丸太組構法と軸組構法の時代に突入する。早々に姿を消したパリサーデに対し、縦か横かの違いだけで、丸太組構法が現代に至るまで生き延びた点は興味深い。材料力学的には、縦に荷重を受ける木材の方が、横倒しの木材よりも理に適っている上、パリサーデは、丸太組構法のように木材の長さによる平面形状の制約を受けることもない。にもかかわらず、木造の歴史からフェードアウトした理由は、縦ログ相互のせん断接合の難しさにあったのだろうと推測される。実の嵌合、あるいは掘っ立て柱の片持ち支持に頼るだけでは、壁の転倒を抑えることができなかったのであろう。このようにして、パリサーデ以降の古典的木質積層構造は、摩擦と井桁組みにより安定する丸太組構法と、ディッペルバウムデッケ〈Dippelbaumdecke(独)〉などせん断力を受けない床構造に限定されていったものと考えられる[図4]。

※図2・3 出典: Greensted Church: A Compact History of the World's Oldest Wooden Church

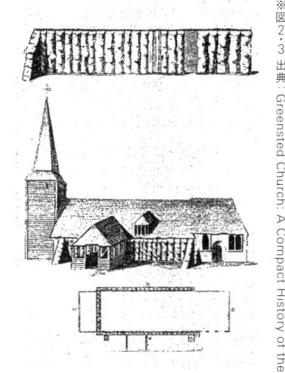

図1 復元された石器時代のパリサーデ（Pfahlbaumuseum Unteruhldingenにて）　図2 グリーンステッド教会の構成図※

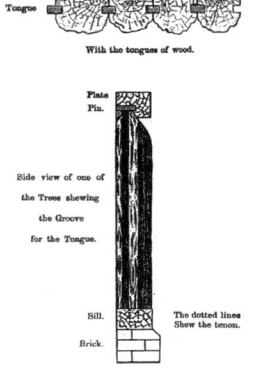

図3 グリーンステッド教会の壁成図※　図4 ディッペルバウムデッケの模型

木の量塊効果

パリサーデであれ、丸太組構法であれ、古代の人々はなぜこのように木材を惜しみなく使った構法に至ったのだろうか。木材を積層して壁や床面を構成する方法は、日本においては木材の過剰利用といった印象を与えてしまう。校倉や板倉などを除き、日本の建築での木材利用は主に軸組みや下地組みといった「支える」用途に限られてきたからだ。これに対して、木質積層構造での木材は、支える機能の他にも、さまざまな役割が期待されている。古代世界の城壁のような防御の用途は言うまでもなく、木材が多孔質材であることを活かした断熱性や調湿性など、「快適性を高める」機能もそのひとつである。重い土石に比べればわずかであるが、塊の木材には蓄熱性も期待することができる。ステーヴ教会〈Stave church（英）〉やウンゲビンデハウス〈Umgebindehaus（独）〉のように、主体構造を軸組みとしつつも積層構造の壁を併用した伝統構法からも、木材に構造性能と量塊効果の両方を求めていたことがわかる[図5]。

図5 ウンゲビンデハウス

縦ログ構法の復活

木の積層構法が普及したヨーロッパにあっても、森林資源の枯渇期や、森林地帯から離れた都市部では、短材や小径材を組み上げたハーフティンバー構法が発達することになる。木造軸組の壁を土石で充填する構法である。木材の代替材料が登場する産業革命頃までは、人口増や経済規模の拡大などに伴う需要増加に加え、食料増産のための山林開墾による用材・薪炭材の不足に悩まされながら、木材節約の工夫が繰り返されていたはずである。日本の木造文化において細身の軸組みが主体となっていった過程も、慢性的な木材不足と無関係ではあるまい。

　しかし、時代が下り、建築資材もエネルギーも木への依存から解放されたことで、現代の先進国は木材の余剰期を迎えている。昨今立て続けに、縦ログ構法やCLTなどの非・軸組みの材料や構法が開発されるようになった背景だ。人工林は施業のサイクルによってこそ、気候や水系の安定に寄与する。放置された鬱蒼たる森林は、土壌浸食による災害の原因ともなりかねない。森林の更新と健全化、それによる林業の再生が求められている現在では、建物一棟あたりの木材使用量を軸組構法の何倍にも増やす余地が生まれている。この時代にあって、木の建築には「支える」「快適性を高める」機能に加え、「森をつくる」役割も期待されているのである。

縦ログ構法の可能性

繰り返しになるが、縦ログ構法はログ同士のせん断接合の工夫によって構造的に安定したものとなり、丸太組構法にはない利点を持つことになる。木の量塊効果による快適性は両

者に共通する特徴であるが、縦ログ構法の壁は、伸び縮みが少なく強度に優れた木材の繊維方向で荷重を支えるため、丸太組構法のようにセトリングが発生せず、井桁組みによる平面計画の制限を受けることもない。

　井桁組みがないということはさらなる利点を生むことになる。架構方法の多様性である。井桁状の構造では、ノッチ加工した木材を施工現場において一本一本組み上げるのに対し、縦ログでは、木材相互の接合方法に自由度があるため、さまざまな寸法・形状の木材を使うことができ、また壁やスラブをパネル状にプレファブ化して組み立てることも可能となる。その効果は、1980年代に開発されたブレットシュタッペル〈Brettstapel（独）〉[図6]を例に引けば想像しやすい。当時、大量生産を前提とした木質工業材料として開発が進んでいたCLTに対し、小規模企業による多品種少量型の製品として考案されたものがブレットシュタッペルである。CLTや集成材のように高価な装置を要する接着接合ではなく、治具程度の設備を用いて木材同士を釘、ビス、ダボ等によって組み立てるため、製造に対する手作業の介在が増え、結果として、多品種化の余地が生まれる。製材や、穿孔、接合具の打ち込みは機械化したとしても、木材の配列は手作業で行うという具合である[図7]。同一材をまっすぐに配列した標準的なブレットシュタッペル以外にも、吸音溝を設けた配列や、意匠的な

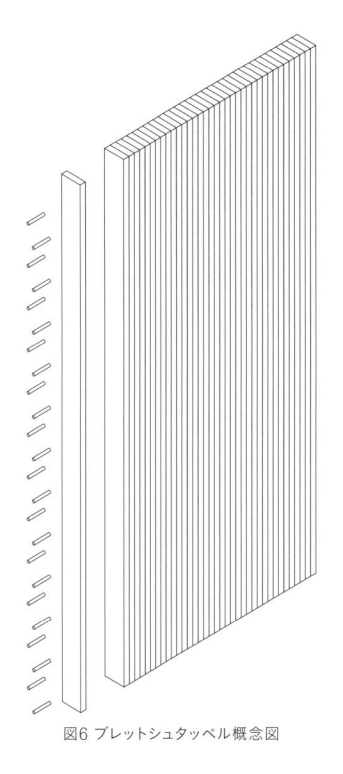

図6 ブレットシュタッペル概念図

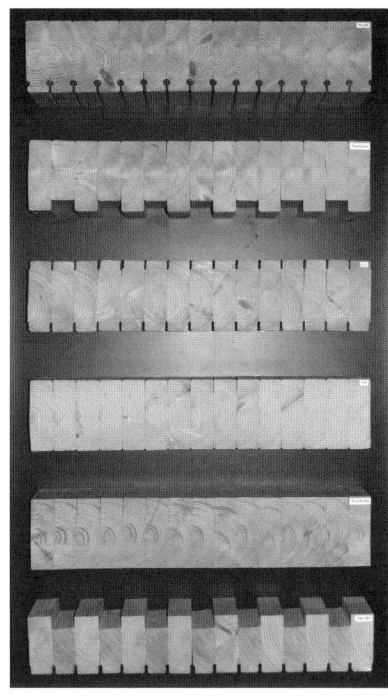

図7 Tschopp社製ブレットシュタッペルの断面サンプル

面取り材の配列や千鳥配列、低価格化を狙ったさまざまな余剰在庫材の混合配列など、単一の製造ラインで多様な組み合わせが可能となる点は、CLTや集成材にない特色である。大量生産には不向きであっても、多くのバリエーションを実現できる点は手仕事の介在あってこその付加価値である。

　縦ログ構法とブレットシュタッペルの相違は、使用する木材の断面寸法にある。縦ログ構法は柱材以上の比較的断面の大きな製材を利用し、ブレットシュタッペルでは板材〈Brett〈独〉〉を主材料とする違いはあるが、大径材中央部から木取りする縦ログ構法と、その製材端材を活用できるブレットシュタッペルは、相互に補完し合う関係にある。つまり、主伐期の大径材を歩留まりよく利用する付加価値型の木材活用方法と考えられるのである。

大量生産から脱却する木造

戦後、日本の木造建築界は数回の活況期を経験している。1970年代のツーバイフォー工法と80年代の構造用集成材の導入期である。そして現在、いわゆる「木促法の制定に端を発する中大規模木造」が注目され、戦後三度目の木造活況期となっている。しかし活況期とはいえ、それぞれ高度経済成長期とバブル期に同期していた前の2回と異なり、現在の木造ブームは強力な好況を背景としたものではなく、むしろ高齢化や地方の衰退といった社会の成熟期の入り口に位置するものである。この観点からいえば、「木促法の制定に端を発する持続的社会の模索」がテーマとなるべき状況にあるはずだ。木造建築の大型化が、持続的社会の成立に寄与すると考えているならば、それはやや短絡に過ぎる。これからの木造建築が、これまで同様の大量生産型の木材産業に依拠するものだとしたら、需要が落ち込む時代にあっては、地方創生どころか、スケールメリットを発揮できない小規模産業や、加工産業にとっての安価な原料提供者となっている川上側産業の存続は脅かされることになる。つまり、持続的社会実現にとってのアキレス腱 —— 脆弱な中山間地経済 —— をさらに痛めることになりかねない。

　縦ログ構法は、これまでの工業化が歩んだ大型化や省力化とは一線を画した、いわば先祖返りである。あえて手作業を取り入れた多品種少量型の縦ログ構法は、製材歩留まりの向上に寄与し、さらには快適性や意匠の多様性といった木材の多面的機能を付加価値化し得るという点で、薄利多売の収益構造からの脱却を望む中山間地産業の挑戦が期待される構法である。

地域で育てた木材が活きる縦ログ構法

芳賀沼 整

［建築家／はりゅうウッドスタジオ
取締役］

Taté Log Building System Designed to Maximize the Use of Homegrown Wood

東北の山間地の森の現状と縦ログ

昭和初期までは農業用耕作地が小さい山間地で伐採や木材運搬業を地域の若者たちが職業として選択するなど、さまざまなかたちで森と共に生きる人々が存在していた。木地食器の素地をつくるための作業所などもあり、農業の耕作地面積が少ない山間地域では、特別な人達が生活しているのではなく、普通の生活の中で林業に関わった暮らしをしていた。

現在では自然を観光資源として考えるケースや、収入源が森の外にあっても森で生活をする人もいるし、福島と新潟の県境の山間地では山菜を栽培・採取し、熊猟師として生計を立てている人々もいる。

河川沿いの国道に沿って点在する小さな製材所が整い出したのは戦後の戸建住宅ブームの時期である。そこに運び込まれる木材の大半は、植林されたスギ材やカラマツなどの針葉樹がほとんどであった［図1］。

南会津地域では、雪の重みで枝が折れ、そこが痛むことで変色が入ってしまう「飛び腐

図1 地方の製材所

図2 飛び腐れ（上）とあかね材（下）

れ」[図2]が多く見られる。雪のない地域でも、虫が入りこみ食痕が残ってしまった「あかね材」では、製品価格の下落や、利用率が低下してしまうことがある。建築材としても、米松などのより強度のある材料が輸入されるようになると、わざわざ地元のスギを構造材として使うこと自体がだんだんと敬遠されるようになってしまっている。ひいては、林業の収益性が悪くなり、産業として成立しにくくなるとともに、森林の管理も行き届かなくなってしまう。

　縦ログ構法パネルでは、120×180mm、120×150mmの角材を中心に、多くのスギ材を使う。そして材料全体で強度を保つことから、多少の節や飛び腐れ、食痕などがあっても目立ちにくく、強度的にも問題がない。そのため、敬遠されがちな地域のスギ材も、パネルにすることで多くの材料を使うことができ、森林生産者側にも多くのお金が落ちるようなしかけをつくることができる。

縦ログ構法の木取り

シングルソーの製材所の場合、一般的な製材方法と同じようにタイコ引きから芯持ちの縦ログ材を取り出す。辺材から数枚の板材が取れる場合も、できる限り規定寸法にあてはめることで材料の汎用性を高めている。現在では、これまでに使われることがなかった部位を外壁材や内壁材を使うことで、一定性能の断熱性能を確保し、より利用率が増すと考えている。1本の木から使える部分を増やすことで、より安くコストを抑えることができる。基本的には節などに左右されないものとする。

　また、ある場所の林を一体的に伐採すると、さまざまな材種や径の材料が産出される。ある一定の径のスギ材だけを使うのではなく、材種や材寸ごとに種別分けをし、建物内の床、壁、天井にそれぞれ配分して使えるようにすることで、森全体からみた利用率を上げることもひとつの目標である。

　縦ログ構法を使うと、地場産の木材使用量が3–5倍程度増える。そのかわりに、コスト効率優先で流通する既成の建材類の使用量が減ることになるだろう。さらに、縦ログ構法とCLTパネルの板状のラミナ材と比較すると、製材機械を通す回数は1/5程度で済む。地域の小さな製材業者にとっては、縦ログ材として材料を出すことで、ラミナ材より手間をかけず出荷できることになる。現在、原木の価格が下落し、日本の森林が伐採、管理されない傾向があるが、製材がより手間をかけず、大量に材料を出すことにより、原木の買取価格も上昇させることができるはずである。

縦ログの材料を準備する

縦ログ構法に取り組むとき、ひとつポイントになるのが木材の確保である。1軒の住宅で

1 山林ストックとスギ材の活用

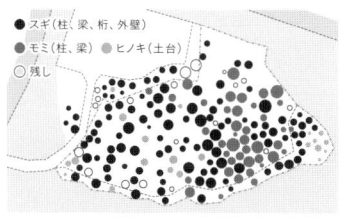

- ● スギ (柱、梁、桁、外壁)
- ● モミ (柱、梁) ● ヒノキ (土台)
- ○ 残し

山林にはさまざまな材種、材径のものがストックされている。
とくに多いのは戦後に植樹されたスギ材が挙げられる。
（図：ある山林の樹種と材径をプロットしたマップ）

ストックが多いスギ材だが、強度面でマツ材などに比べて弱く、
あまり出回らない（写真：伐採されたスギ材）

▶ スギ材を多く使う
構法によって
大量のストックを
活用できる

2 森の材料を使い尽くすことがコストを下げるコツ

**1本の木からさまざまな
径の材料が取れる**

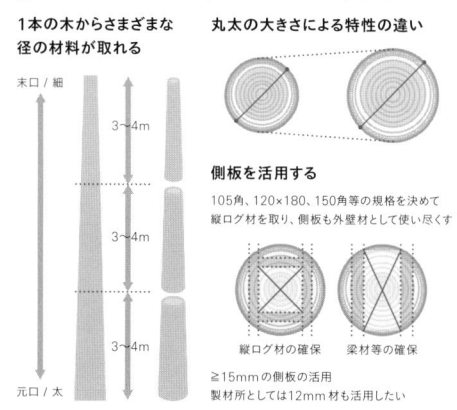

末口 / 細

3〜4m

3〜4m

3〜4m

元口 / 太

丸太の大きさによる特性の違い

側板を活用する

105角、120×180、150角等の規格を決めて
縦ログ材を取り、側板も外壁材として使い尽くす

縦ログ材の確保　　梁材等の確保

≧15mmの側板の活用
製材所としては12mm材も活用したい

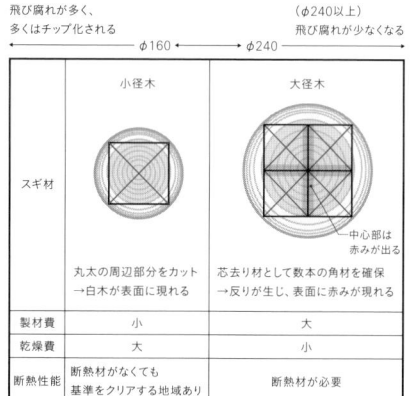

（φ160以下）
飛び腐れが多く、
多くはチップ化される

（φ240以上）
飛び腐れが少なくなる

←φ160→　←φ240→

	小径木	大径木
スギ材	丸太の周辺部分をカット →白木が表面に現れる	芯去り材として数本の角材を確保 →反りが生じ、表面に赤みが現れる （中心部は赤みが出る）
製材費	小	大
乾燥費	大	小
断熱性能	断熱材がなくても 基準をクリアする地域あり	断熱材が必要

3 人工乾燥のしやすさ

150角材

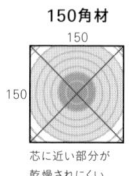

150

150

芯に近い部分が
乾燥されにくい

150角材・105幅の材

105

105

105

幅105にすると乾燥がいき届く

4 縦ログと外壁材

空気層

通気層確保型

- ・150角材と薄板の組み合わせ
- ・薄い板材も有効活用できる
- ・製材効率が高い
- ・白木が表面に現れるため
  見た目が受け入れられやすい

15〜　150

高断熱型

- ・小さな角材と厚板の組み合わせ
- ・1本の木から数本の
  材料を製材できる
- ・乾燥がしやすい
- ・防水・機密・防火性能を
  考慮して気密化した方がよい

75〜　105

200–300本程度のスギ材（末口240Φ程度）を使うため、製材所にある在庫ではまかなえない場合が多い。製材所に在庫はないが、山には多くのスギ材が植えられている。

　縦ログを使った建物をつくるには、施工者だけでなく、製材業者や伐採業者とのネットワークをつくるとスムースになる。基本的には施工者からのアプローチでよいが、製材業者や伐採業者と連携して、伐採時期や乾燥期間を考慮し、設計期間や施工工程などを考慮して、あらかじめ組み込んでおくとよい。通常、製材は3–4mで伐採されることが多いが、伐採時期（秋冬春）に伐採業者と連携を取っておくと、5–6mの大量の材料を利用して縦ログパネルをつくることも可能である。縦ログ構法で建物をつくると地域の材木にかかわるいろいろな人の顔が見えてくる。顔が見えるということは、地域のなかにお金が落ち、地域が活

性化していくことにつながる。

　加えて、伐採から製材までの作業で難しい工程のひとつに乾燥がある。とくに縦ログ構法においては、乾燥不足になると隙間が大きくなる要因となるため、しっかりと含水率を15％以下に落とすことが重要だ。通常の構造材の乾燥が15–20％であるので、製材所に通常とは異なる乾燥の方法をお願いする必要がある。現在では、人工乾燥と自然乾燥の区分があるなかで、人工乾燥による高温乾燥により材面割れを抑制する方法を選択するケースが多くなっている。構造強度的には、内部割れはホゾなどの強度低下につながるため敬遠されるが、縦ログ構法の場合には製材の周辺部に強度が必要となるため、内部割れを起こすような高温乾燥でも良い。また、人工乾燥と自然乾燥を組み合わせ、いくつかの方法を模索している。

地産地消、地域で育てた木材で建築をつくる意味

少子高齢化、過疎化が進む地方では、画一的な都市近郊の大型店舗やフランチャイズ店舗が立ち並び、近郊の住宅の建設においても広域で展開するハウスメーカーの台頭によって、一定の性能と価格帯を担保しながらも、地域性を失い、地方色を感じる建築やまち並みは減少の一途を辿り続けている。建築に限ったことではないが、交通の発達に伴う日常生活圏の広域化は、さまざまな分野で同じ道をたどっている。半世紀前に推奨されていた針葉樹の植林政策は影を潜めてしまい、個人の山林所有者は可能性を秘めた近場の植林地でさえ放置か捨て去ってしまう傾向にある。中規模以上の木造建築に限らず一般住宅建築の場合でも、効率を考えると工務店の選択肢には大型プレカット工場が必然となってしまい、これまで培った木材の産出の慣習や技術をそのまま保存することは難しくなってきた。これまでも地産地消の流通を取り入れた家具や内装仕上げ材などの商品開発は数多く出されてきたが、地方の林業形態維持するための大量消費につながる「もの」は少なかった。一定基準で構造強度と断熱性能を満たす技術を使い、それぞれの地域ごとに点在する製材所が核となる里山付近の人工林の活用を、地域経済の観点からもう一度見直そうと考えた。

　いまだ地方では多くの林業人口があるが、今後減少の傾向は否めない現実もあり、それらへの幾ばくかの抵抗と歯止めをかける考えが縦ログ構法の基本である。そのため、単純に効率性だけを求めているのではなく、原木の木取り寸法に合う大量消費を裏付ける根拠も示さなくてはならない。木質系建築の標準化進めることが地方の小規模な製材所の可能性を否定しているのではなく、建築の規模に合わせた住み分けを考えることが重要であり、今後発展する建築の技術や仕様、素材の選択肢のなかに地方から一石を投じる考えから生じた活動である。今にも、来年にも廃業を考えている地方の製材所や林業関係者に対する未来につながる啓蒙効果も期待している。

木造構法と
再築可能性

Reconstruction Potential
for Wooden Building System

はりゅうウッドスタジオ

東日本大震災後の木造仮設住宅群

2011年の東日本大震災以降、福島県では16,800戸の仮設住宅の供給のうち、約6,300戸の木造仮設住宅が生まれている。これだけ多くの木造の仮設住宅が生まれたのは東日本大震災が初めてである。それらの仮設住宅は、2017年10月末時点で、約2,600戸が撤去され約14,200戸が残っている。そのうち入居戸数は約3,000戸で、5,000人弱がいまだに避難生活を送っている状況である。

私たちのチーム(はりゅうウッドスタジオ、日本大学浦部研究室、東北大学五十嵐研究室、難波和彦、福島ログハウス共同体)では、東日本大震災以降の福島県において、木造仮設住宅の設計・施工の支援を行ってきた。震災直後(2011年3月末)には、新構法の縦ログ構法による仮設住宅を提案していた。しかし当時は十分に実績のない構法でもあったため、施工者の理解が得られなかったのが実状である。2011年4月末にはログハウスの施工者チームと共に、丸太組み構法(ログハウス)による仮設住宅を提案し、県の公募に対して採択され、約600戸近くのログハウス仮設住宅の設計・施工に関わることになった。

丸太組み構法も縦ログ構法も、木材(ログ材)をそのまま内外装材・構造材・断熱材として使うことができる。その点で再利用性、施工性、快適性の点で仮設住宅として有効ではないかと考えた。縦ログ構法としての第一号は、既述のように難波和彦さんに依頼し、共同で設計・建設した仮設集会所《KAMAISHIの箱》である。

木造仮設住宅群の分析

木造仮設住宅の勃興のなかで私たちは活動していた。しかし当初より、木造仮設住宅はリユースシステムを持つプレハブ仮設と比べて、まだ再利用の体制が整っていないこともあり、一定の供与期間を終えた後の大量の廃棄物や最終処分費用の増大も予想されていた。再利用という観点から、仮設住宅としての木造仮設は果たして有効なのかどうか……。

この点について、芳賀沼が木造仮設住宅の取り組みを振り返り、博士論文としてまとめている。芳賀沼は、木造の仮設住宅の26事業者26タイプを対象に、仕様・構法を調査分析し、再利用に関する要件と有用性について整理し、供給方法や構法、再利用の観点から見直している。26タイプの木造仮設住宅は、「丸太組構法」「木造板倉構法」「木造パネル化構法」「木造落とし込

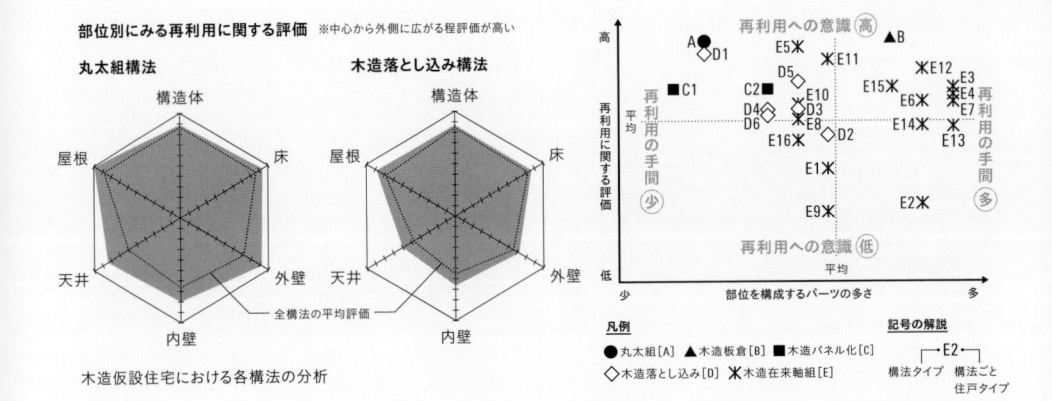

部位別にみる再利用に関する評価　※中心から外側に広がる程評価が高い

丸太組構法

構造体

床

外壁

内壁

天井

屋根

木造落とし込み構法

構造体

床

外壁

内壁

天井

屋根

全構法の平均評価

木造仮設住宅における各構法の分析

再利用への意識(高)

A◇D1　E5✖　▲B

■C1　C2■　D5　✖E11　✖E12　E3

D4◇　E10◇　E15✖　E6✖　E4

D6■　✖E8　D3◇　E14✖　E7

E16✖　D2◇　E13✖

E1✖

E9✖　E2✖

再利用への意識(低)

再利用への意識(高)

再利用の手間(少)

再利用の手間(多)

再利用に関する評価

高　平均　低

少　平均　多

部位を構成するパーツの多さ

凡例

●丸太組[A]　▲木造板倉[B]　■木造パネル化[C]

◇木造落とし込み[D]　✖木造在来軸組[E]

記号の解説

┌E2　構法タイプ　構法ごと住戸タイプ

み構法」、「木造在来軸組構法」の5つのタイプに分類される。そのなかで、以下のようなことがわかった。

木造でも、施工性を考慮し災害前に設計しておけば、プレハブ仮設住宅と同様の工期で、コストを守ることができる。再利用性については、それぞれの構法において再利用点数と部材構成数を比べることで、各部材の種類による再利用のしやすさが異なる。また、部品数が少ないほど組み立てやすく解体もしやすいため、これが再利用のしやすさにつながっていることが確認できた。部品点数が少ないというでも、ログ構法は有利である。

オープンな再利用システム

ログ構法以外にも、「木造板倉構法」「木造パネル化構法」「木造落とし込み構法」など、地元26社により、再利用に関する創意工夫がなされ、既存のプレハブ仮設住宅よりもより快適性の高い木造仮設住宅が、短期間に建設された点については特筆すべきである。より被災者に近いところにいる自治体・設計者・施工者のネットワークにより、仮設住宅のイノベーションが起こったともいえる。

大手プレハブメーカーが、震災後とある建築雑誌に「プレハブ仮設のみがリユース(再利用)のシステムをもっている」と述べていた。仮設住宅を〈建設→撤収→ストック→再利用〉するシステムであり、このことで初動の速さや資源やコスト節約といった面で強みをもつ。一方で、地域性にあったプレハブのつくり変えが難しいという面をもつ。また、同一企業内を資源(仮設住宅の部材)が循環し、被災地に資産として残らないクローズなシステムともいえるかもしれない。

木造仮設住宅はプレハブ仮設とは異なり、仮設住宅を〈建設→撤収→転用〉するシステムをもち得る。仮設住宅を、復興住宅などに転用するという流れだ。これは、木造が誰でも建設に参加でき、木自体が加工しやすいことから、地元の人たちで転用しやすいためである。一度つくられた、仮設住宅は資産として地元に残るのだ。実際に、今回の東日本大震災だけでなく、雲仙普賢岳の災害、十津川村水害の際には、木造仮設が復興住宅に転用された事例が見られる。木造仮設住宅の特性として、仮設住宅を資産としながら誰もがその後の転用に参加できる点で、それはオープンなシステムともいえる。

なおかつ、縦ログ構法の場合、接着剤などを使わずに最低限の加工のみで材同士をつなぐた

《いこいの村なみえ》外観

《石巻日本カーシェアリング協会》外観

め、バラした時の1本1本の材がきれいな状態に戻る。そのため、同じ縦ログ構法の建築としても、それ以外の構法の木造建築としても使いやすいという利点がある。

仮設住宅の再利用の実例

私たちのチームでも、木造仮設住宅の再利用について関わる機会がここ数年増えてきている。その実例をいくつか紹介したい。

①いこいの村なみえ

2015年9月頃に浪江町からのアプローチでスタートし、新築と仮設の移築にかかる費用の比較検討などを経て、2017年6月に二本松市浪江町大平農村広場の仮設住宅団地のうち、4戸1棟のログハウス型仮設住宅を5棟20戸解体し、その資材を転用して同年7月に浪江町内のいこいの村にて着工し10月に完成した。浪江町に帰町した際、安心して一時的に宿泊できる施設として整備したもので、町民の帰町への一助となることが期待されている。建築としては、復興期の公共建築としてのクオリティを確保するために、屋根勾配に沿った室内の空間構成としたり、新しい衛星器具の選択やログ材の磨きによって経

年変化を感じさせないことを目指した。

②石巻日本カーシェアリング協会

津波被害を受けた石巻市北上川河口付近の病院跡に拠点を置き、交通弱者への車の貸出や高齢者の買い物への同行などのサポート事業を行っていた複数のNPO法人が、北上川河口堰改修工事に伴う病院跡の解体退去のため、新たな拠点施設を必要としていた。二本松市にある大平農村広場の浪江町の仮設住宅団地にある4戸1棟のログハウス型仮設住宅が1棟解体され、その資材を転用して同年10月に工事し、11月には一室空間を意識した間仕切りの少ない事務所として完成した。

このプロジェクトでは、予算範囲内にコストを抑えるためにボランティア作業員を募集し、内装をボランティアが作業するなど、徹底した人海戦術による職人のコスト調整が試みられた。それに関連して、部材の細かい仕分け作業ができたことで、元の部材の再利用率が高まった。

③本宮グループホーム 虹の家

震災直前まで浪江町内で施設を運営していたグループホームが、震災後の2011（平成23）年9月から本宮市の恵向公園にある仮設団地内の仮

《本宮グループホーム虹の家》外観

設建築で運営を再開し、近隣の仮設住宅とみな
し仮設住宅に暮らす浪江町内からの避難者を
対象に業務を行っていた。施設の移転に当たっ
ては、第1期として仮設グループホームと同規模
の新築棟を建設し、仮設団地で運営していた施
設機能を先に移行し、その後、第2期として仮設
再利用棟の工事を行い、新築棟と仮設再利用
棟をL型につなぐ計画とした。

　解体時には仕上げ材などの再利用も意識し、
表皮の張り替えの有無も相談してから判断し、コ
スト調整を図った。なお、新たな工事としてコン
クリート基礎工事を行ったほか、設備工事の際
は給排水配管、電気設備配線などの再利用は
せずに廃棄処分とした。

以上のように、未曾有の震災被害ののちに、木
造仮設住宅の転用という新たな資源の流れが生
まれつつある。木造仮設住宅を具体的な事例と
して資材の再利用を考えることは、建築全般に
おける再利用システムを考えるうえでも大きな意
味をもつだろう。

木造仮設住宅部位別材料構成表

床

床1 一般根太下地

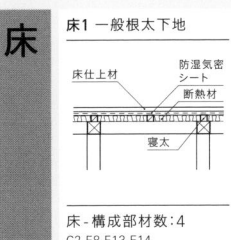

床 - 構成部材数：4
C2,E8,E13,E14

床2 落込み根太下地

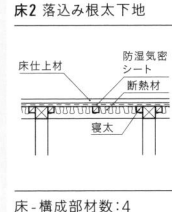

床 - 構成部材数：4
E2,E5,E10,E11,E12

壁

壁1 ログ

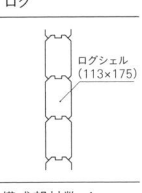

壁 - 構成部材数：1
A

壁2 板倉

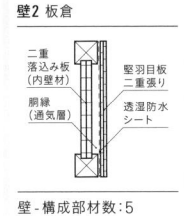

壁 - 構成部材数：5
B

壁7 落とし込みD

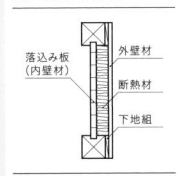

壁 - 構成部材数：4
D4

壁8 在来A

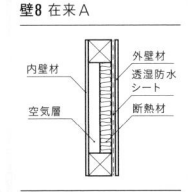

壁 - 構成部材数：4
E5,E10,E15

天井

天1 木吊り下地

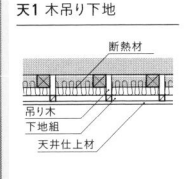

天井 - 構成部材数：4
A,D3,E4,E7,E13

天2 野縁下地

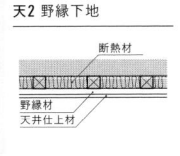

天井 - 構成部材数：3
C2,D1,E1,E2,E5,E6,E8,E9,
E10,E11,E12,E14,E15,E16

屋根

屋1 二段桁 - 折板

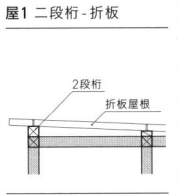

屋根 - 構成部材数：2
A,D1,D3,D5,D6,E8,E16

屋2 小屋束 - 屋根材

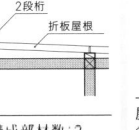

屋根 - 構成部材数：6
C1,C2,E2,E4,E6,E7,E12,
E13,E14,E15

床3 根太レス（直接仕上げ）

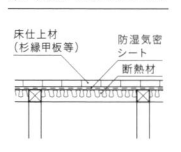

床 - 構成部材数：3
D3,D4,D6,E4,E7

床4 根太レス（合板下地）

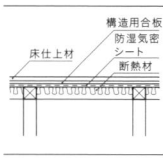

床 - 構成部材数：4
A,D2,D5,E1,E3,E4,E5,E6,
E7,E9,E15,E16

床5 床パネルA

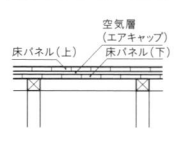

床 - 構成部材数：3
D1

床6 床パネルB

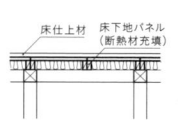

床 - 構成部材数：2
C1

床7 根太レス（荒床下地）

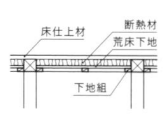

床 - 構成部材数：2
B

壁3 パネル

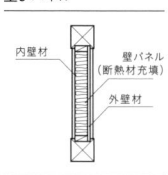

壁構成部材数：3（パネル化）
C1,C2

壁4 落とし込みA

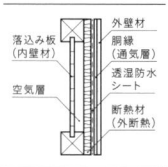

壁 - 構成部材数：5
D2,D3

壁5 落とし込みB

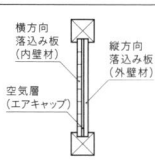

壁 - 構成部材数：3
D1

壁6 落とし込みC

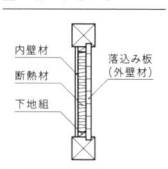

壁構成部材数：4
D5,D6

壁9 在来B

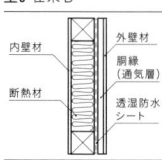

壁 - 構成部材数：5
E1,E2,E3,E4,E8,E9,E11,
E12,E13,E14,E16

壁10 在来C（壁パネル）

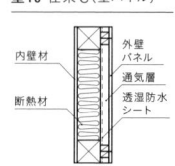

壁 - 構成部材数：5
E6

壁11 在来D（真壁）

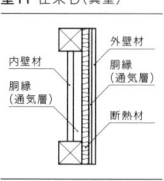

壁 - 構成部材数：5
E7

天3 鉄骨吊り下地

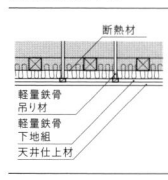

天井 - 構成部材数：4
D5,D6

天4 天井パネル下地

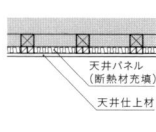

天井 - 構成部材数：2
C1

天5 勾配天井A

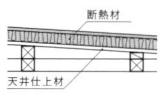

天井 - 構成部材数：2
B,D2,D4,E3

屋3 小屋束 - 折板

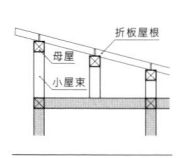

屋根 - 構成部材数：3
E1,E5,E9,E10,E11

屋4 小屋組 - 屋根材

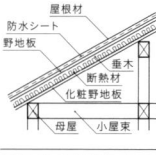

屋根 - 構成部材数：8
B

屋5 小屋組 - 屋根パネルA

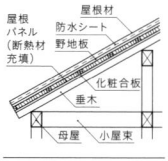

屋根 - 構成部材数：8
E3

屋6 小屋組 - 屋根パネルB

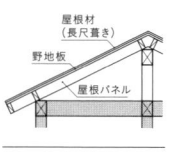

屋根 - 構成部材数：3
C1,C2

屋7 堅ハゼ屋根

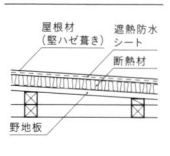

屋根 - 構成部材数：4
D2,D4

［座談会］
縦ログ構法が拓く
社会と地域と建築の未来

[Round-table Talk]
Taté Log Building System Opening the Future of
Society, Local Community, and Architecture

芳賀沼整

建築家／はりゅうウッドスタジオ
取締役

網野禎昭

法政大学教授
［建築構法・木造建築］

五十嵐太郎 ［司会］

建築史・建築評論家／
東北大学教授［都市・建築理論］

ここまで、縦ログ構法の特徴とその可能性を、写真・論考・データをもって紹介してきた。

　本書の締めくくりとして、縦ログ構法に深く関係してきた研究会メンバーである難波和彦、板垣直行、遠藤政樹、芳賀沼整と、木造構法のプロフェッションである網野禎昭、建築史から現代建築に至るまで広い見識をもつ五十嵐太郎の6名で座談会を行った。

　論考には書かなかった直感的な感想、まだ言葉にならない可能性、縦ログ構法が拓けるだろう社会と地域と建築の未来について語った。

難波和彦

建築家／難波和彦・界工作舎 代表／
NPO法人 福島住まい・まちづくり
ネットワーク 理事長

遠藤政樹

建築家／EDH遠藤設計室／
千葉工業大学教授［建築意匠］

板垣直行

秋田県立大学教授
［木質材料・木質構造］

縦ログ構法の始まり

五十嵐：本日、司会をします五十嵐です。この本にテキストも寄せていますが、縦ログ構法のことを全部わかっているわけではありません。まずは、縦ログ構法がどう始まったのか、というところから教えていただけますか？

芳賀沼：ちょっと遡りますが、まず縦ログの背景として、自分の生まれから話させてください。僕の父親は南会津で山の切り出しを生業にしていました。僕が生まれた昭和33(1958)年がちょうど戦後の木材バブルの頃で、小さい頃から木材の価値をずっと感じて育ってきました。当時はまだトラックが山に入れないので、集落で馬を10頭くらい飼っていて、馬橇で引っ張り出しているような頃です。木材の大量消費を見込んでスギやカラマツをたくさん植えたのも、戦後からその頃までのことです。今それが使える大きさに育ってきているのに、消費がしぼんでしまって山にたくさん余っている。単純に、これをどうやって使おうかというのが、最初の発想でした。その矢先に、2011年に東日本大震災が発生し、丸太組構法の仮設住宅をたくさんつくり、その後に難波さんに声をかけて、縦ログ構法を使った《KAMAISHIの箱》[図1]を被災地につくったという経緯です。

五十嵐：横を縦にしようという発想はどこから出てきたのですか？

芳賀沼：東日本大震災の直後には、すでに「縦」の発想はあって、縦ログの仮設住宅案を応募しようとしたのですが、木材供給の目処が立たずその時は断念しました。最終的に、丸太組構法の仮設住宅をたくさんつくり、そこで得た収益で縦ログの建築をつくろうと考えたのです。

難波：われわれよりも先に、ログハウス協会で縦ログが話題になったと聞いています。でもその話がどのような経緯で立ち消えになったのかはよくわかっていません。

芳賀沼：歴史を遡ると、群柱とか、列柱なんていうのは建築家もたくさんやっていますよね。ただ、木が収縮していくと隙間ができるので、そうした問題からあまりやられてこなかったのだと思います。

五十嵐：ちなみに芳賀沼さんは、震災前は丸太組構法もやっていませんでしたよね？

芳賀沼：僕は拒否反応を示して、ログハウスはつくらないっていう……。

難波：まあ、山小屋風でカッコ悪いですからね。でも、丸太組構法はすでにマニュアルも確立しているし、準耐火認定も受けているから、すごい仕様が確立しているんですよ。なかでも一番の特徴が、屋根面の面剛性が要らないこと。普通の建築は屋根面で固めなきゃいけないけど、丸太組構法はそれが要らない。壁だけで自立するので、ふわっと屋根を架けておけばいい。それは面白いと思ったんだけど、端部の出隅(ノッチ)がどうしても山小屋風なんだよね。

芳賀沼：どうしてもそうなりますね。

図1 被災した釜石のまちにつくられた《KAMAISHIの箱》

難波：それと、乾燥すると下がるので（セトリング）、縦方向に逃げをつくっておかなければいけない。そうした性質が丸太組構法では克服できないんですよね。それが、縦ログにすると出隅もなくなるし、縮みによる隙間も、壁を二重にすれば解決できる。何より、縦にすると解体しやすいすし再組立し易いのがいいと思ったんです。縦ログ構法は、材相互をボルトで留めるだけだから、システムとしても簡単ですしね。僕がシールのような接着剤は嫌いだということもありますが（笑）。

網野：たしかに解体可能性が高まると、縦ログ構法の建築が木材の一時備蓄としても見れる。面白いですね。

芳賀沼：僕らは相当な数の仮設住宅をつくって、木造仮設のデータがかなり取れたんですよね。とくに福島では、二次公募から仮設住宅も解体して再利用可能であることが条件になったのです。これについて分析していくと、丸太組構法や板倉構法は結構優秀で、さらにその弱点を克服できるのが縦ログではないかとなったのです。

構法か部材か

芳賀沼：縦ログのアイデアは以前からあったものでしたけど、それに「構法」を付けたのは難

波さんでした。僕は「縦ログ」と言ったときに、部材を想定していたんです。部材なら、家具でも、間仕切りでも、部屋でも、どこにでも応用できるという意識だった。でも、難波さんが「構法」と謳い、僕らはそれに合わせて実験を繰り返し、板垣先生のような研究者の方に入ってもらい、今までの設計活動ではやってこなかったような積み重ねをしてきました。

遠藤：「構法」というのは、縦ログを使って、建築をトータルに押さえていくってことなんですかね?

難波：僕は大学生のときに、内田祥哉先生から「建築家がすることはすべて構法ですから」というふうに叩きこまれたからそう思うんですよね。つまり、材料を建築に結びつける方法はすべて構法なんです。多くの建築家が、3.11で建築家としてのスタンスがガラリと変わったと言いましたが、僕にとってはまったく連続しているんです。機能的には仮設住宅だったり震災復興の建物ですけど、構法のテーマとしては本当に連続してて、抵抗も何もなくスッと受け入れることができた。

網野：仰る通りだと思います。でも、最近、「材料」を「構法」に無理やり紐付けようとしている人たちがいますね。その代表例がCLTです。CLTは材料なのに、「CLT構法」と言う人たちがいる。合板構法も、LVL構法もないのにですよ。そういう人たちは、在来軸組構法に壁や床としてCLTを使うようなことは二の次と考え、すべてCLTだけでつくろうとして、結局自由度を失っていく。たとえば、私が2–3年前に設計したオフィスでは、軸組の中にCLTの壁を組み込んで使いました[図2]。それだと、今までの設計手法、つまり許容応力度計算だけでできるんです。新しい告示も特殊な金物も必要ない。でも、あまりそういうことが今の日本のCLTでは想定されていないんです。

板垣：その点、縦ログ構法は在来軸組構法を基本に考えているので、縦ログ構法単独でも、在来軸組構法に組み込んでも簡単に計算ができるようになっています。

芳賀沼：2016年の年末に、ロンドンにある9階建てのCLT住宅を見て、「純粋にひとつの構法だけを使った象徴的なプロジェクトがあってもいいけど、裾野ではもう少しグラデーションがあっていいのでは」と思いました。市場のすべてを統一しようというのは不自然ですよね。縦ログ構法では、縦ログ構法だけをつかった象徴的なプロジェクトはありつつ、実際に使う人に使いやすいように変化させるようにありたいと考えています。

CLT／LVL／縦ログ構法

五十嵐：CLTの話が出ましたので、これについて少し伺わせてください。最近は僕の周りでも、東北大学にCLTのパヴィリオンが完成したり、若手建築家がCLTのコンペに参加していたりして、そういう意味では、新しい木の使い方としては目立つ改革だと思います。CLTと縦ログ構法それぞれの特徴を教えていただけますか?

図2《ウッドエナジー》

網野：CLTも縦ログ構法も、木材を量塊として使うという部分ではまったく同じですが、つくる仕組みに大きな違いがあります。CLTをつくることの受益者はかなり限定的です。限られた大規模な工場でしかつくれないようであれば、その1箇所にお金が集まるだけです。一方、縦ログは、この本でみなさんが書かれているように、中山間地域や中小規模の製材所にお金が落ちるようになっている。それが、縦ログ構法の付加価値を生んでいると私は考えています。

　いま国がロードマップをつくって、CLTの立米単価を、大量生産化によって現在の12、3万円から、8万円くらいまで落とそうとしていますよね。しかし大量生産が叶わなければ、原料を安く仕入れることになる。木をたくさん使うことはいいことなんだけど、そうした状況になってもいいと言えるのかがまだわからない。本当はそうした議論をしなければいけないのに、普通ではありえない早さで急ごしらえの制度化が進んでいる現状には疑問です。

板垣：CLTの前は針葉樹合板が、山の木を使う技術として注目されましたよね。でも結局、あれはB材でいいので、取り引きがすべてB材の価格に引っ張られちゃうんです。A材だとしても一緒くたにB材の価格で引き取られてしまった。それと同じことが、ラミナでも起こる気がします。

　その点、縦ログは、柱材をボルトで連結してパネルをつくりますし、軸組に混ぜて使えるので、A材は軸組として使って、節の多い材なんかは縦ログのパネルにすればいいわけです。既存の木材生産・加工の中で材料が供給できるところに可能性があると思っています。

網野：今の話は川上（林業）・川中（加工業）の問題ですが、川下（建設業）の方を見てもやはり

CLTは問題が多いんです。日本には津々浦々、軸組をやってきた職人さんたちがたくさんいるわけですけど、CLTを使うような構法には馴染みがないんですね。一方、ヨーロッパでCLTが流行ったのは、もともとPCパネルを使って集合住宅をじゃんじゃんつくっていたからではないか、というのが私の考えです。CLTが重いPCパネル代わりに受容されたんですね。ところが、日本にはPCパネルのシェアなんてほとんど無いわけですから、軸組構法のシェアを奪いかねない。それって、川下にいる人たちもハッピーなのだろうか？ と思うんです。

難波：ちょっと歴史に話を広げると、エリック・ホブズボームという産業革命を専門にする歴史家が、なぜイギリスで最初に産業革命が起こったか、ということを書いています。その理由は、18世紀初頭はヨーロッパの中でもスコットランドが抜きん出て人件費が高く、機械に投資をしたほうが人を使うより安くできたからだ、というんです。産業革命は、人件費が上がったときに機械に代わるように起こったわけです。これをCLTに置き換えて考えると、大工の人件費が上がらない限りCLTが普及することはないということになる。

　僕は《無印良品の家》[図3]に関わっていますが、この最初のシステムはSE構法でした。断熱・構造も兼ねたパネルを工場生産し、これをはめれば下地が一発でできるというシステムです。でも、今の無印良品の家は、大工が現場で間柱を立てて、合板を張って、外断熱パ

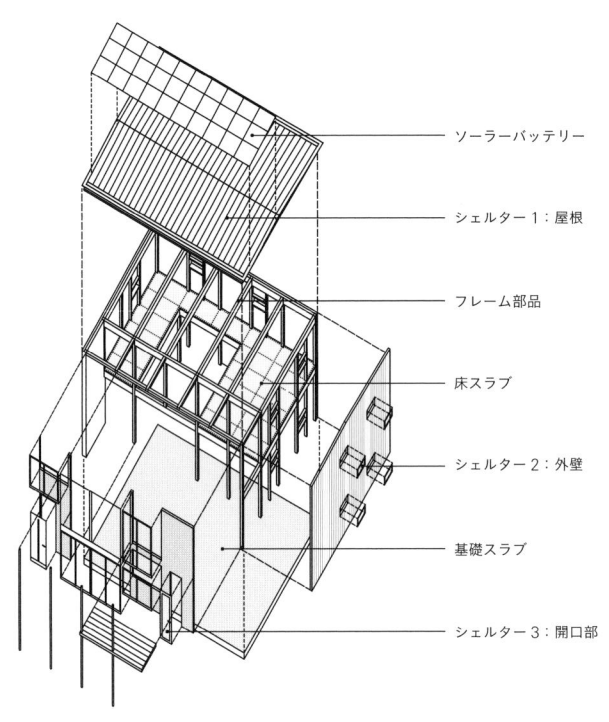

ソーラーバッテリー

シェルター1：屋根

フレーム部品

床スラブ

シェルター2：外壁

基礎スラブ

シェルター3：開口部

図3《無印良品の家》

ネルを張って、外装を張っているんですよ。工業化すると、クレーンがいるし、鳶がいるしで高くなるからと。屋根も、構造家の播繁さんがつくった、面剛性もとれて断熱もある、梁にのっければ一発で屋根ができるシステムがあるのですが、今は現場で大工がつくっている。結局、日本では大工の人件費がまだ安いんですよね。これが人工5万円以上にならないと、CLTは普及していかないと思いますよ。

遠藤：日本の見積システムが、最後は大工の人工計算になっていることも、ひとつの理由ですよね。工業化により現場の労働力は減っているはずなのに、これまでの慣習に従いそれが反映できないシステムになっている。

板垣：まあ縦ログ構法とCLTの守備範囲の違いもあって、CLTのようにパネルを生産してバンバンつくる方法にも合理性はあると思います。それは縦ログ構法ではやれません。でも、CLTの標準化への進め方には問題があるのは、私も感じるところです。

難波：ところで、LVL［図4］について、網野さんはどう思われますか？

網野：LVLにも利点はあります。LVLはせん断に効きますからね。ただ、これも戦後に木を使うなかで、日本の木材産業が導入した新しい材料です。合板、2×4、LVL、集成材、CLT……、これだけいろいろ導入してきました。でも山は一向に豊かにならない。なぜなら、これ

図4 LVL

らはすべて川中の加工産業にお金突っ込んで開発されたものだからです。加工産業にとって山は原料です。安く売らないと需要は拡大しないわけですし、そのために原料を安く仕入れるのは当たり前です。これを繰り返したって、川上の中山間地域が豊かになりませんよね。

難波：僕はね、LVLはすごくいいと思っているんですよ。強度の面でもそうですが、海外の生産国ですでに工場加工された乾燥薄板が輸入されてくるのでフェアトレードになっているじゃないですか。付加価値が生産国でも加えられている。ラワン合板みたいにインドネシアから丸太ぶった切って持ってきて、日本でガリガリと加工するのとは違う。

網野：たしかに、世界で見たらそうかもしれませんね。ヨーロッパで使われるLVLやOSBの工場立地を見ると、チェコやオーストリアやハンガリーの国境あたりに多くあります。要は昔のソビエト経済圏です。1991年にソビエトが崩壊して、資本主義社会になり、それらの地域に投資が始まるのです。ああいう地域って、土地もあって、人件費も安い。さらに、東欧のより貧しい国が背後にありますから、人的資源、木材資源の入手性も非常に高い。結局、ヨーロッパの木質材料は、生産地と消費地が近いのに国境を挟んで分かれているから成立しているといえます。でも日本では、ヨーロッパの消費地と同程度の賃金レベルにもかかわらず、国内でも木を育てて加工をしようとしている。そのしわ寄せが山に来ているということだと思うんです。

木を使う意味／木を使える環境

五十嵐：最近、「木を使いましょう」という掛け声がいろいろな場面で聞かれます。それこそ、オリンピックのスタジアムなどがそうですが、そうした流れはどこから来ているのですか？

網野：ひとつには、炭素固定があると思います。森林のサイクルをちゃんと健全化しないと、災害が起きたり温暖化が進むよ、という認識が広まってきた。

難波：日本では木を使うということがナショナルな林業問題と結びついていますが、世界的には炭素固定が最大の理由ですよね。それで、木を工業化して都市に使おうと。そこでCLTを耐震不燃建築に結びつけようとしている。

板垣：そういう狙いでしょうね。もう住宅の着工数は減っているので、木造住宅のシェアを獲得しようとは考えていない。むしろ、今まで木造でつくられてこなかった公共建築を木造にすることで、炭素固定率を上げようと。そこに、塊で使うCLTというのが、主に政治家にヒットしたんだと思います。

網野：政治家にはね。我々にはヒットしていない（笑）。でも、我々のような川下にいる人は、この技術で今までにない建築ができたという結果ばかり見てしまいがちです。しかし実際には、木を使うことの背景にどういった環境問題、社会問題、雇用問題があるのか、そしてそれにわれわれも関与しているという認識をもたなければいけないはずです。

遠藤：なるほど。つまり、縦ログ構法とCLTに優劣などなくて、結局はガバナンスの問題なんですね。ガバナンスの違いが、結果的に世の中に大きく影響して、そのもの自体のポテンシャルを貶めてしまう可能性がある。

　最近、クリストファー・アレグザンダーをきっかけとしてネットワークの理論書を読んでいます。この中心的な問題がガバナンスということなのです。これらを用いると縦ログ構法の可能性を上手く説明できるのではないかと思いました。ネットワークグラフというのは、力の強い人の既存ノード（ハブ）と新参者のノードで表せるそうなんです。力の強い人といると儲かるので、新参者が次々とつながりを求め、力の強い人は結果的に巨大なハブになっていく[図5-A]。これらが面白いのが、力の強い人と新参者の格差をパラメーターに加えることで、中心部にハブがたくさんできたり、中心部がなくなったりするんです[図5-B]。具体的には、2つのノードにあまりにも格差がある場合、そのリンクを切断するというような。力の強い人は下々の人とはリンクをしないというようなものです。この格差数をパラメーターとします。そうすると、ハブにもヒエラルキーができてくる。今の日本の木造の建設産業はこのグラフに近いと思います。中心に大きな空洞があり、周囲を中規模のハブが囲み、末端にわれわれのような事業者がいるような状況。細部は充実してるんだけれど、中心が見えてこない。

難波：誰かが指示しているのではなく？

遠藤：ええ、グラフ理論では数学的なシミュレーションに基づいています。シミュレーションをすると、ある条件でこのようなかたちになるそうです。そこに、芳賀沼さんや縦ログ構法のような、異なるパラメーターをもった人が参入すると、それがノイズになって急にネットワークが変わってきて動き始めるはずで、異なるグラフに変化していくはずです[図5-C]。僕らの目指す縦ログ構法の可能性だと考えています。つまり、完成したグラフを壊すのは難しいのだけれども、ノイズを持ち込むとそれができる。それも数パーセントのノイズで起こるそうです。

A　ヒエラルキーグラフ　　　　　　　B　効率化グラフ　　　　　　　　　　C　建築家が目指すグラフ
　　　　　　　　　　　　　　　　　　　中心が見えない　　　　　　　　　　　端部から中心へつなぐ

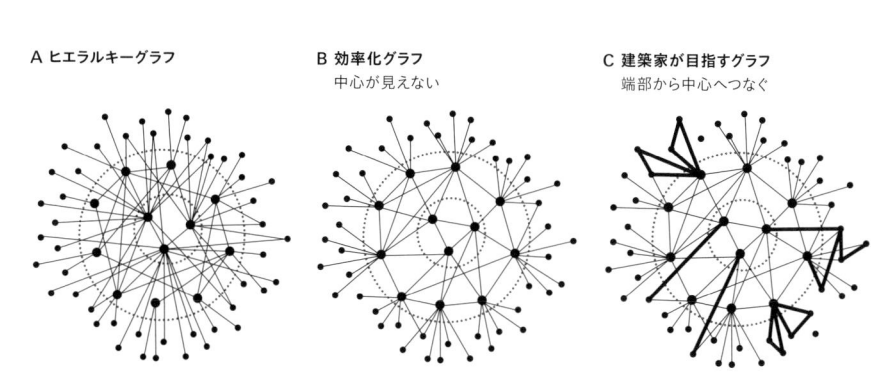

図5　木造建築産業のネットワーク図

五十嵐：遠藤さんは設計者として、縦ログ構法を使った建築を実際にいくつかつくられていますよね。そのなかで、こうした使い方もあるといった発見はありましたか？

遠藤：じつは、僕は縦ログ構法で初めて木造を使ったんですよね。《アグリケア》[図6]と《びわのかげ屋内投球場》[図7]をつくり、今、茨城県龍ケ崎で3つ目のプロジェクトをやっています。木造をやってみて感じたのは、木産業がすごく成熟しているということ。木造に関して新参者だった僕は、どれだけそのインフラを利用しようかという精神でやってます。たとえば、龍ケ崎のプロジェクトは増築なのですが、梁と基礎の間の鉄筋棒に張力をかけて、縦ログ材に固定度を出すということを、構造デザイナーの田口雅一さんと一緒に考えています。縦ログでは新しい試みだと思いますが、それに必要な金物が木造産業内には既にあるんですよね。縦ログをそうしたふうに利用してゆけば、木産業はいろいろな展開ができることがなんとなくわかってきました。縦ログ構法はそうした技術資源を活用できる冗長性があると思います。

JASとJISの間で起こっている摩擦

網野：私が縦ログ構法の非常に面白いと思うところが、今まで日本の木造界がほったらかしにしていたある問題点を顕在化してくれているところです。

　たとえば、川上側の世界の合理性と、川下側の世界の合理性が完全に分断されていることです。一番顕著な例が、歩留まりの問題です。日本の山から出てくる木材は、2m、3m、4m、5m、6m です。でもわれわれ建築の方では、そうしたキリのいい数字はほとんど使わないですよね。長めの桁や梁だと、長さが3,650mmとかそんなものです。そうすると、本来は、建築で3,650mmというニーズが多くあるのなら、山では仕口加工を見込んで、3,700mm程度の材を出せばいいわけですよ。ところ日本の林業ではそれをせずに4,000mmで切ってくる。木材は立米単位で買うので、3,600mmの梁が必要なときには4,000mmの木材を買ってきて1割は捨ててるんです。あらためて考えるとものすごい無駄なことをやっていますよね。

図6《アグリケア》

図7《びわのかげ屋内投球場》

図8 実際に山に入って切り出しを指示する

　在来構法であれば、1軒の住宅でせいぜい10–20立米程度しか使わないので、そんなことはあまり気にされていなかった。でも、縦ログ構法で量を使うようになると、1割の歩留まりロスがものすごく大きくなってくる。そうすると、今までずれていた川上と川下の合理性について、新しい連携をつくらなければいけなくなってくる。山側も、1軒あたり30–50立米の注文が来れば、喜んで3,700mmで切りますよ。つまり、今まで非常に固定化していた山の産業が、オンデマンド伐採のようになる可能性があるんですね。一方、設計者も歩留まりを意識するようになると、角材だけを使うことに疑問が出てくると思います。1辺に丸みを残しておくと、歩留まりは向上するし、加工の手間も減るので、川上・川下の両方にメリットがあります。

　歩留まりの話はあくまで一例で、こうした社会の仕組みというか、建築界で木が動く仕組みにかなり大きな影響を与えられるきっかけになると思い期待しています。

芳賀沼：僕の感覚には、今の網野先生の話されたことが染み付いていますね。僕自身には、山で倒した全貫の長い木から何本取りできるのかというのが頭に入っている。プロジェクトをするときは、尺杖をもたせた所員を山につけて、必要な長さで切ってくるようにしています［図8］。

図9《はりゅうの箱》

網野：そういう意味で、山を知っている芳賀沼さんが構法の開発を始めた意義が非常に大きいんですよ。町中の人がやったりすると、そういったことが隅々までは理解できていないわけです。芳賀沼さんは今も山に住んでいて、林業にも半身くらい突っ込んでるから言えるんですよね。山の人は「売れない」って言うだけで売る努力はしないし、建築の人は「木が高い」って言うだけで歩留まりを考えた設計をしていないわけです。反対方向を向いている両者を対面させることができるわけですよね、芳賀沼さんや縦ログ構法は。

難波：たぶんね、僕が思うにJASとJISの規格にずれがあるんだと思います。JASは林業規格で、JISは工業規格ですが、この2つを比較する必要があるんじゃないかな。JIS規格は相変わらず尺貫法を使っていて、本当は違法なんだけど、まあみんな見ないふりをしてますよね。

網野：山に合わせようとすると、僕らメーターモジュールにしてった方がいいんですよね。

芳賀沼：今年、自分たちの息の一切かかってない人たちが縦ログ構法をつくったらどうなるかという実験をやってるんです。腕は確かな大工だけど縦ログ構法は知らない人たちに施

工をお願いして、僕と所員1人で設計・監理をしたら本当に採算が合うか。地域内の木材を使い、地域内の製材所を使ったとき、縦ログ構法がどれだけ広まるかという社会実験でもあります。

難波：それは、たぶんJASに抵触するから、流通に出さない地域の消費であれば可能なんですよ。だから、僕らが目指す標準化はローカルでの標準化。でもこれには実用的になるまでは、結構地元の業者には負担になるかもしれない。

芳賀沼：そうですが、まずは、実際の感想を聞きたいんです。縦ログ構法の発想に若者が興味をもって、中山間地域の零細企業の製材所を生き長らえさせ、10軒潰れるところが5軒くらいはもった、みたいなことが過疎地で起こればいいなと。

難波：それはすごくいいことで社会的に意味があるんだけど、それをある社会的な大きな流れにしようと思ったときに、まだたくさん障害が残されているよね。

住まい手から見た縦ログ構法の魅力

五十嵐：僕は豪雪の中で《はりゅうの箱》[図9]を見せてもらいましたが、あの室内の雰囲気はすごくいいですよね。今回の書籍は、かなり理詰めで縦ログ構法のよさを説いているけど、あの空間を体験してもらうことが住まい手には一番いいんじゃないでしょうか。

網野：これまで、縦ログ構法の魅力をつくり手側から話してきましたが、住まい手側から見た縦ログ構法の魅力ってなんなんでしょう？

芳賀沼：以前、都市部の準防火地域にコンクリート打放しの家が欲しいと言っていたクライアントに、予算が合わないので縦ログ構法を勧めたことがありました。するとすんなりと受け入れられたんですよね、「素材が一緒だったら木でもいい」と。意外とそういう見方もあるかもしれません。

難波：だから、縦ログ構法は「木の打放し」だと言いたい。

板垣：ログハウスを建てたいけどまちの中では建てられない、という潜在的な需要は結構あるように思っていて、これにも応えられると思います。

網野：打放しコンクリート、丸太組構法の代替としても可能性があると。それ以外に、縦ログ構法だけがもつ付加価値としてはどうでしょう？

難波：それはたぶん、木が構造であり、仕上げであり、断熱であって、一発でできることなんだと思います。これまでは、軸組でいろいろな材料を組み合わせて機能を満たしていたけど、それが木というひとつの材料だけでできてしまう。「Less is more」がひとつの構法でできるということは大きな価値で、共感してもらえる人もいるのではないかな。

網野：なるほど。たしかに、木造軸組をやってきた人たちは木を構造体としか考えていないけど、木ってじつはいろいろな性格をもっているものなんですよね。構造体としては縦ログ構

法はオーバースペックだけど、いろいろなことを考えると、非常にバランスのとれたものであると。昔は、構造も非構造も切り離さなかったのに、近代になって構造と非構造が切り離され、機能と部材が一対一対応になっていった。もしかしたら、分析評価というのがよくないのかな。本来ひとつのものをバラバラに切り取って、分析して、元に戻すということの弊害が必ずあると思います。縦ログ構法は、そうした近代のパラダイムにも疑問を呈しているといえますね。

板垣：福島のログ仮設の温熱環境調査をしたことがあるのですが、一般住宅と変わらないくらいの性能でした。とくに断熱材は入れず、シングルのログ壁でしたが、それで十分なんですよね。

網野：最近は省エネからとにかく断熱性能を上げるようになっていますが、本当は建築が重くならなくちゃいけないんですよね。

難波：熱容量をもたないと、結局エアコンを使うことが前提になりますから。あと、縦ログ構法の課題のひとつは設備配線配管です。木だからどこでも穴を開けて通せるけど、それじゃあ格好がつかない。

網野：そうした部分は住まい手にも考え方を理解してもらわなければいけないんでしょうね。こんな構法を使う以上は、好き勝手に照明やスイッチはつけられませんよと。木の外壁だってそうです。私が設計した建物は外壁を木あらわしにするものがありますが、エイジングで灰色になっていくことを理解されていない人がとても多い[図10]。腐ってるんじゃないの?と言われますからね。

難波：最後はアピアランスというか、見た目のデザインですね。その風化が、美意識として受け入れられるか。

網野：アメリカのDIYショップに行くとすでにグレーに着色して売ってるし、スイスではグレーの水性塗料がありました。数カ月後には雨で流れ落ちて、自然にエイジングのグレーに変わっていくんです。

難波：それはいいですね。エイジングは工業製品の最大の課題ですから。

網野：日本はそれが不自然であろうと、クレームになるから必要以上に守ろうとしますよね。節だってクレームになるから嫌がる。でも縦ログ構法には、住まい手の価値観も変えていくような姿勢が必要だと思います。

五十嵐：最後に今後の話を聞きたいのですが、どういうふうに縦ログ構法を広めていこうと考えられているのでしょうか?

芳賀沼：純粋に研究を行う「縦ログ構法研究会」は既にありますが、これは利益団体ではありません。結局、それでどこかが独占したり、マージンをとるようなことになってほしくないんですね。だから、悪用されないように商標登録だけしてありますが、特許も何も取っていません。「縦ログ構法」の信頼を落とすようなひどい建築については止めることはあるかもしれま

せんが、基本的には自由に活用・発達してもらえればいいと思っています。

　先ほど言ったように以前から縦ログ構法のアイデアはあり、網野先生のテキストでは中世ヨーロッパの例が触れられています。つまり、縦ログ構法ってとても原始的なもので、誰でも考えつくことなんです。なので、その部分は公開して共有し、みんなで発展させていこうと。そして、途中で誰かの発明が生まれれば、特許をとってもらって構わないし、出資をした会社が儲けてもらうのも全然アリだと考えています。最終的には、集合知で縦ログ構法の知識が伸びていくといいですね。

図10 エイジングした木あらわしの外壁

縦ログパネル
ロードマップ

Taté Log Timeline

考案   **2011-2012**

縦ログ構法は、震災時に断熱材の不足、工期短縮のための構法の単純化を目的として考案された。地域の作業場でパネル化し、組み立てるローテクな構法である。

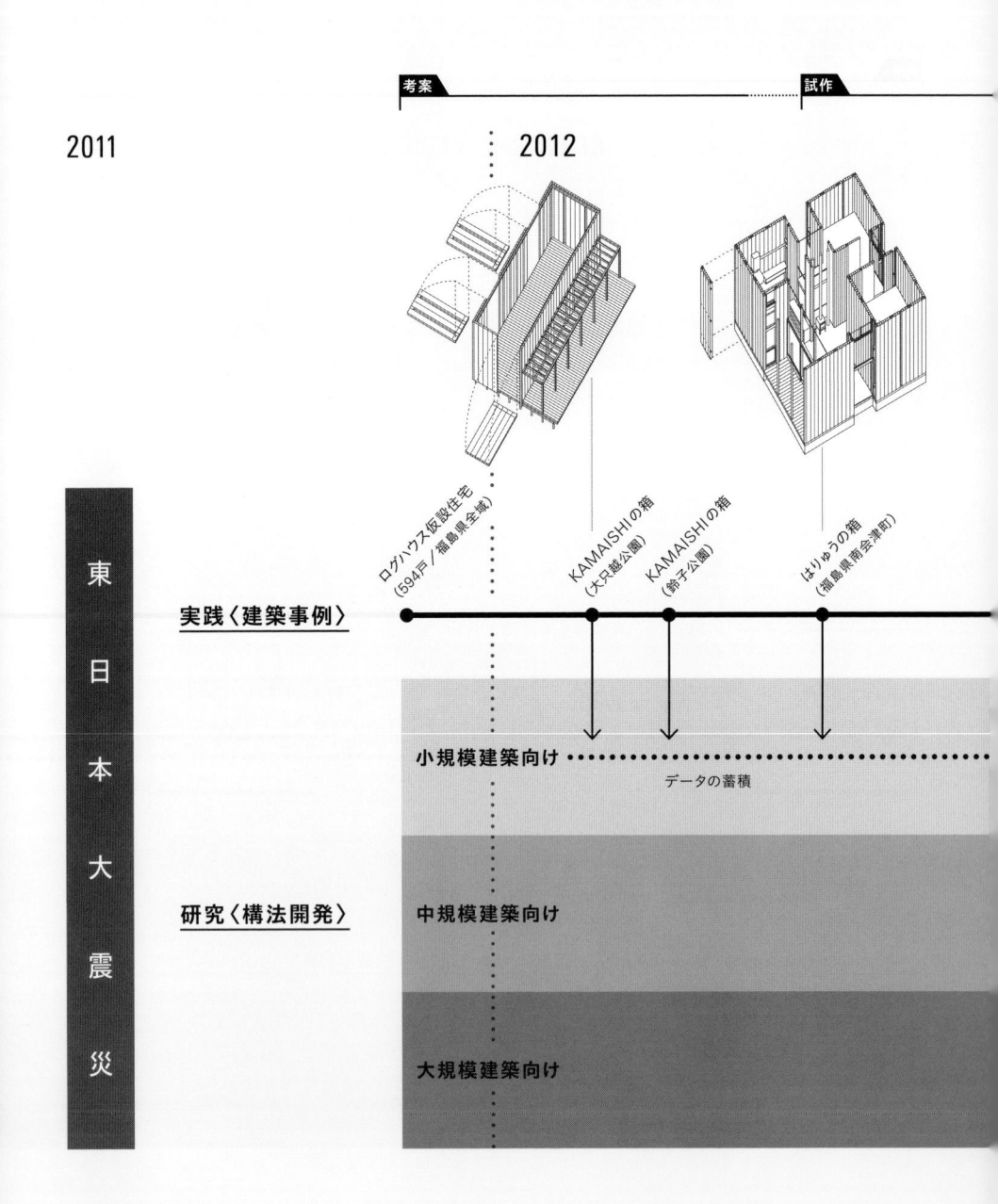

考案 ⟩ ┈┈┈┈┈┈┈┈┈┈┈ 試作 ⟩

2011   2012

東
日
本
大
震
災

ログハウス仮設住宅
(594戸／福島県全域)

KAMAISHIの箱
(大只越公園)

KAMAISHIの箱
(鈴子公園)

はりゅうの箱
(福島県南会津町)

実践〈建築事例〉

小規模建築向け ┈┈┈┈┈┈┈┈┈┈┈
データの蓄積

研究〈構法開発〉

中規模建築向け

大規模建築向け

仮設建築物だけではなく、一般の建築物への活用を試みた。現行法規に対応させる中で、縦ログ構法による住宅、施設を実際に建築。実証データをフィードバックし、構法の改良を行った。

開発

2013

2014

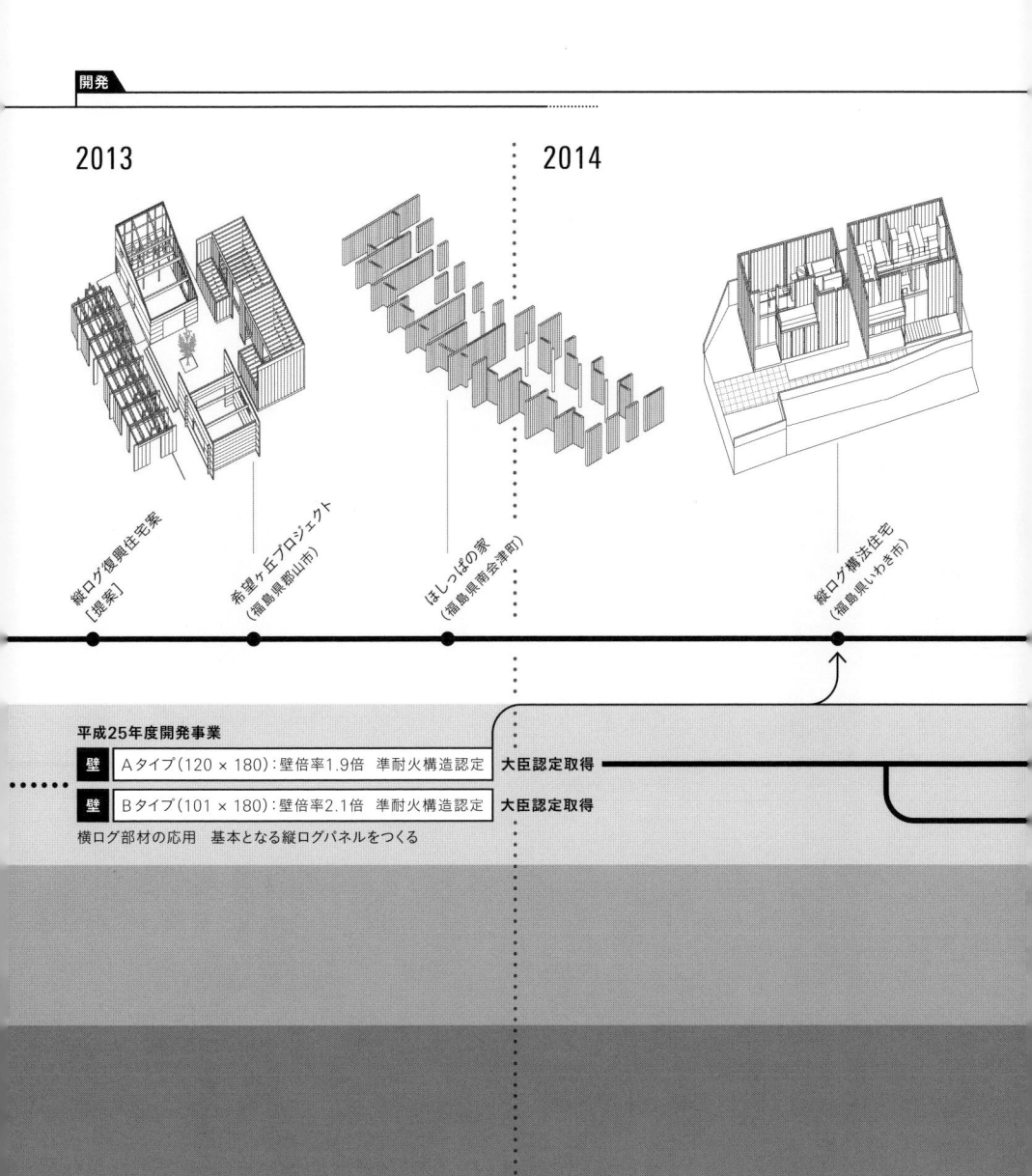

縦ログ復興住宅案
［提案］

希望ヶ丘プロジェクト
（福島県郡山市）

ほしっぱの家
（福島県南会津町）

縦ログ構法住宅
（福島県いわき市）

平成25年度開発事業

壁	Aタイプ（120 × 180）：壁倍率1.9倍　準耐火構造認定	大臣認定取得
壁	Bタイプ（101 × 180）：壁倍率2.1倍　準耐火構造認定	大臣認定取得

横ログ部材の応用　基本となる縦ログパネルをつくる

開発　　　　　　　　　　　　　2013-

試作による経験を元に、標準化や普及に向けて
技術検証を行い、寸法体系や接合部の改良、
耐震・耐火性の大臣認定を取得している。環境
性能への配慮（性能設定）、隙間などの経年変化
への対応が今後の課題。

展開

2015

2016

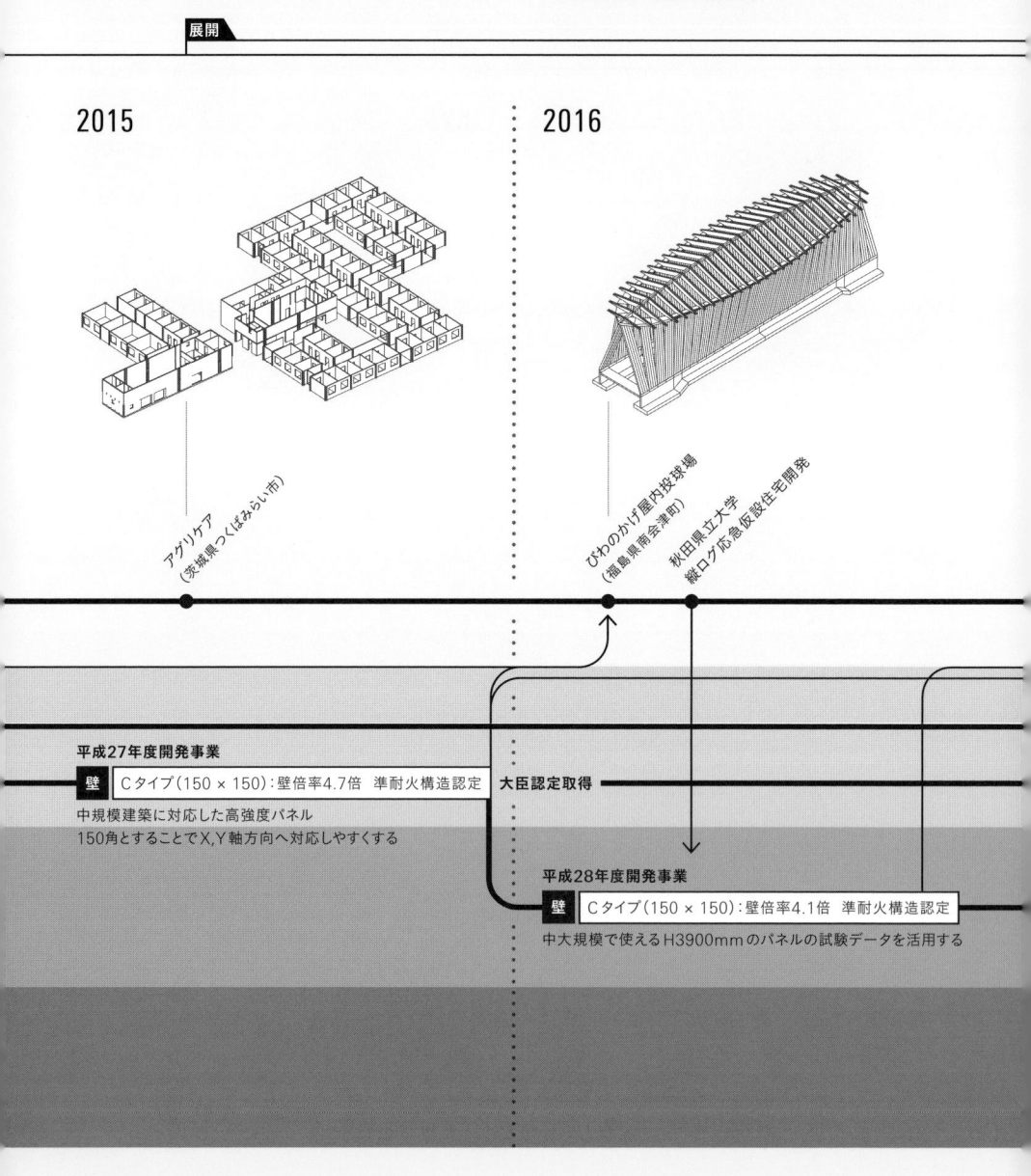

アグリケア
（茨城県つくばみらい市）

びわのかげ屋内投球場
（福島県南会津町）

秋田県立大学
縦ログ応急仮設住宅開発

平成27年度開発事業

壁 Cタイプ（150 × 150）：壁倍率4.7倍　準耐火構造認定 ｜ 大臣認定取得

中規模建築に対応した高強度パネル
150角とすることでX,Y軸方向へ対応しやすくする

平成28年度開発事業

壁 Cタイプ（150 × 150）：壁倍率4.1倍　準耐火構造認定

中大規模で使えるH3900mmのパネルの試験データを活用する

展開   2015-

戸建て住宅規模での実績・経験、実験開発の
成果から、中大規模建築でも展開し始めている。
また、床パネルや屋根パネルの開発を通して、縦
ログ構法の多様な使われ方も想定。最終的には
地域産業とのネットワーク構築を目指している。

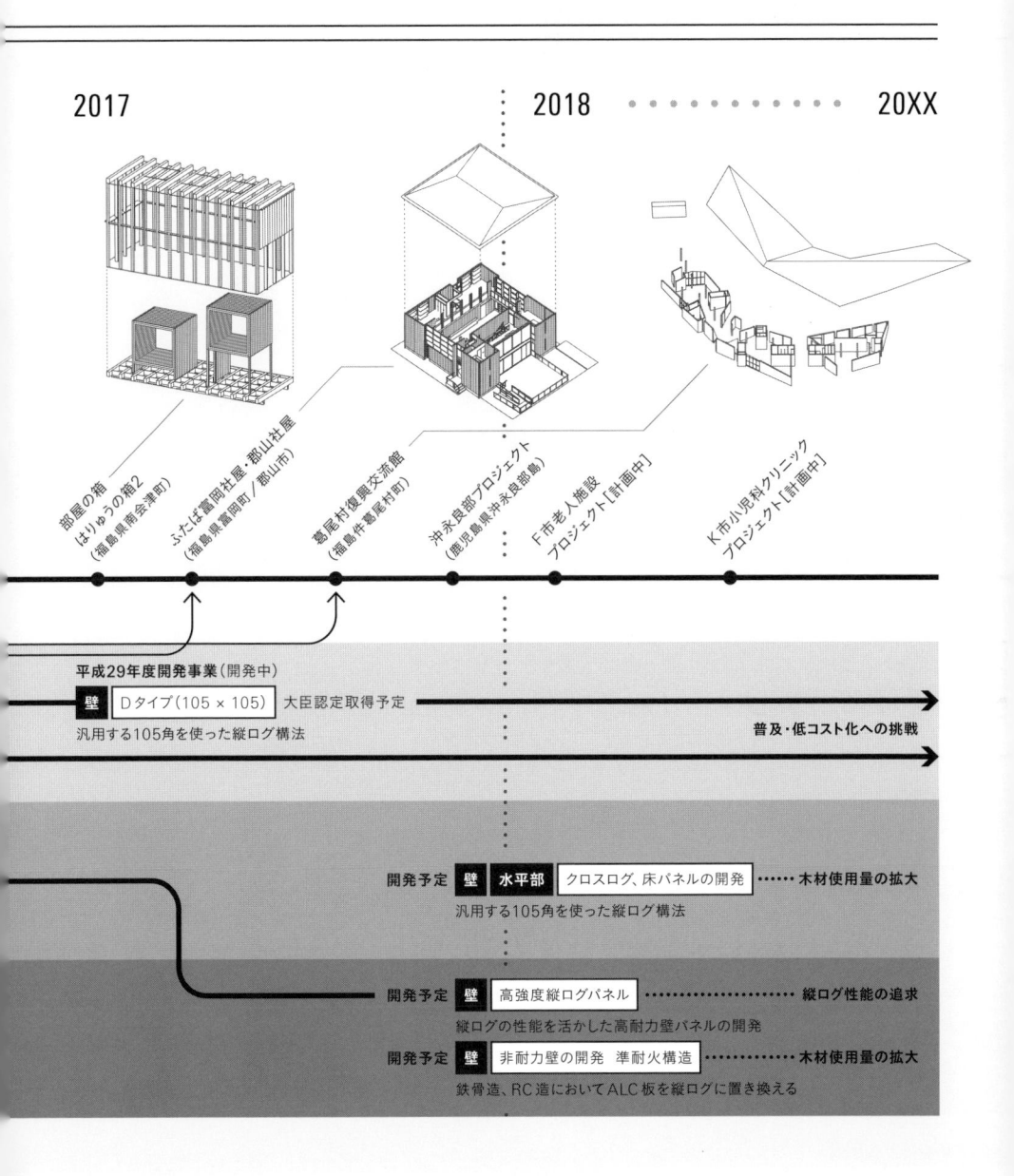

2017   2018 · · · · · · · · · · · 20XX

部屋の箱 —
はりゅうの箱2
（福島県会津町）

ふたば富岡社屋・郡山社屋
（福島県富岡町／郡山市）

葛尾村復興交流館
（福島県双葉郡葛尾村）

沖永良部プロジェクト
（鹿児島県沖永良部島）

F市老人施設
プロジェクト［計画中］

K市小児科クリニック
プロジェクト［計画中］

平成29年度開発事業（開発中）

壁 Ｄタイプ（105 × 105）　大臣認定取得予定

汎用する105角を使った縦ログ構法

普及・低コスト化への挑戦

開発予定 **壁** 水平部　クロスログ、床パネルの開発 · · · · · **木材使用量の拡大**

汎用する105角を使った縦ログ構法

開発予定 **壁** 高強度縦ログパネル · · · · · · · · · · · **縦ログ性能の追求**

縦ログの性能を活かした高耐力壁パネルの開発

開発予定 **壁** 非耐力壁の開発　準耐火構造 · · · · · · · · · **木材使用量の拡大**

鉄骨造、RC造においてALC板を縦ログに置き換える

縦ログ構法の使用を検討されている方へ

縦ログ構法については、広くオープン化し普及することを目指しています。一方で縦ログ構法の品質を確保するとともに、情報を共有し、より発展させたいと考えています。
　そのため利用にあたっては、以下のようなご協力をお願いしています。

1 縦ログ構法研究会への届出

縦ログ構法の採用を前提に計画を進めている設計監理者の方は縦ログ構法研究会までご連絡ください。面接または、書類による確認を行います。

- 計画の概要が分かる概要書・
  図面をお送りください。
- 活動支援金として、$1m^3$あたり
  2000円の納入をお願いいたします。
- 確認後縦ログ構法の認定仕様書類を
  お渡しします。

2 製品検査の実施

認定書に記載された仕様・材種・材寸・製品・寸法等を必ずお守りいただき、パネル製作工場での製品検査を各自実施してください。検査実施後、下記書類の提出をお願いしております。

- 検査項目リスト
- 検査写真

また実費で研究会のメンバーが現地確認や指導に伺います。

3 施工写真の確認

現場施工時の現場写真の提出をお願い致します。

- 施工時：建て方完了後の写真、
  採用した金物と取付けの状況
- 工事完了後：竣工写真

［連絡先］
縦ログ構法研究会 事務局
福島県南会津郡南会津町針生字小坂38-1
はりゅうウッドスタジオ内
TEL 0241-65-1001
FAX 0241-65-1002
E-MAIL tatelog@haryu.jp

※ 同設計者による2度目以降の縦ログ構法の使用にあたっては面接を行いません。製品検査、施工写真の提出のみお願いしております。
※ 縦ログ構法設計者の方とは設計や施工時に工夫した点、縦ログ構法の改善点等情報提供・共有を積極的に行い、縦ログ構法の発展を促していきたいと考えております。

おわりに

2011年3月下旬、縦ログ構法の基本となる地場産スギ材を使った福島県での仮設住宅は叶いませんでしたが、岩手県釜石市で縦ログ構法の建築を2棟建設することができてから、丸7年が経過しました。

大只越商店街の皆様、当時釜石市役所建設課部長岩間さん、大槌町で設計事務所を営む岩間妙子さん、林野庁の担当者だった方々、福島県庁林業課の方々、江東区南砂町の試験場の担当者の方々、その後の縦ログ構法によるスギ材の構造パネルを使い建設を実施してくださった関係者の方々、執筆でもお世話になった網野禎昭、五十嵐太郎、田口雅和、浦部智義、各先生方、最初から最後まで試験体作成と実験に携わっていただいた板垣直行先生、秋田県立大学の試験体作成に携わっていただいた関係者様方、学生の方々、いわき市ダイテック、赤井製材鈴木社長と関係者の皆様、特許取得をしないでの地方への技術拡散を承諾の上で協力を惜しまないでお付き合いいただいた芳賀沼製作社長、建築による社会貢献を惜しみなくご指導してくださった難波和彦様、縦ログ構法という概念を世に問うために最後までご尽力頂いたフリックスタジオの高木様、山道様、編集者の和田様、出版を決断して頂いた建築資料研究社の種橋様、これまでにご指導いただき関わっていただいたすべての方々に御礼を申し上げます。

縦ログ構法は、技術としては誰もが考えうるもので、馬鹿げたほど初源的な構造方式かもしれません。しかし、交通の発達やメディアの発信力によって地方文化が消えつつある現在こそ、縦ログ構法使った地方の林業の基盤づくりと、地方の製材所や個人山林所有者を巻き込んだ流通経路を見直してほしいと思います。

今後、これまでの7年間で培ったデータや経験が、地方の針葉樹林活用につながることを願い、あとがきといたします。

芳賀沼 整

[著者|寄稿]

網野禎昭（あみの・よしあき）

法政大学教授[建築構法、木造建築]

1967年静岡県生まれ。1990年早稲田大学建築学科卒業。1993年東京大学大学院修士課程修了。1999年スイス連邦工科大学ローザンヌ校木造建築専門修士取得。2002年同校博士号取得。1999–2004年スイス連邦工科大学ローザンヌ校アシスタント。2004–10年ウィーン工科大学アシスタント・プロフェッサー。
主な作品：《レマン湖畔 自立柱の庵》（2004年）、《ナッシュマルクトのレストラン》（2007年）、《木のカタマリに住む》（2015年）、《ウッドエナジー》（2016年）など。
主な受賞：Schweighofer Foundation シュバイクホッファー賞（2005年）、グッドデザイン・ベスト100（2015年）、木の建築賞（2015年）、T1グランプリ（2016年）など。

五十嵐太郎（いがらし・たろう）

建築史・建築評論家／
東北大学教授[都市・建築理論]

1967年フランス・パリ生まれ。1990年東京大学建築学科卒業。1992年同大学大学院修士課程修了。1997年同大学大学院博士課程短期取得退学。2000年博士号取得。2005年東北大学准教授就任、2009年より同大学教授。
主な活動：第1回リスボン建築トリエンナーレの日本セクションのキュレーション（2007年）、第11回ヴェネツィア・ビエンナーレ国際建築展日本館展示コミッショナー（2008年）、あいちトリエンナーレ2013芸術監督（2013年）など。
主な著書：『終わりの建築／始まりの建築——ポスト・ラディカリズムの建築と言説』（INAX出版、2001年）、『戦争と建築』（晶文社、2003年）、『現代建築に関する16章——空間、時間、そして世界』（講談社現代新書、2006年）、『新編 新宗教と巨大建築』（筑摩書房、2007年）、『現代日本建築家列伝——社会といかに関わってきたか』（河出ブックス、2011年）、『被災地を歩きながら考えたこと』（みすず書房、2011年）、『忘却しない建築』（春秋社、2015年）、『日本建築入門 近代と伝統』（ちくま新書、2016年）など。

田口雅一（たぐち・まさいち）

建築構造デザイナー／
TAPS建築構造計画事務所 代表／
大阪芸術大学教授[構造設計]

1961年大阪府生まれ。1986年神戸大学大学院工学研究科建築学専攻修了。戸田建設、アスコラル構造研究所を経て、1995年タック建築設計設立。2002年TAPS建築構造計画事務所に改称。2005年大阪芸術大学通信教育部専任講師就任。2008

年同大学芸術学部建築学科准教授。2015年より同大学教授。
主な作品：《クローバーハウス》（2006年）、《Sg》（2009年）、《田園オフィス》（2012年）、《日本圧着端子製造株式会社大阪本社ビル》（2013年）など。
主な受賞：日本建築美術工芸協会 芦原義信賞、グッドデザイン賞、東京都建築士会住宅建築賞、大阪建築コンクール大阪府知事賞、中部建築賞、日本建築家協会賞（2007年）、日本建築士会連合会賞優秀賞（2007年）など。

餅田治之（もちだ・はるゆき）

筑波大学名誉教授／
林業経済研究所フェロー研究員

1947年神奈川県生まれ。1971年東京教育大学農学部林学科卒業。1973年同大学大学院農学研究科修士課程林学専攻修了。1977年北海道大学大学院農学研究科博士課程林学専攻単位取得退学、同年筑波大学研究協力部研究協力課（農林学系担当）。1981年農学博士（北海道大学）。1996–2010年筑波大学農林学系教授。2010年同大学名誉教授、同年財団法人林業経済研究所所長。
主な著書：『アメリカ森林開発史』（古今書院、1984年）、『日本林業の構造変化とセンサス体系の再編』（農林統計協会、2009年）、『改訂現代森林政策学』（日本林業調査会、2012年）、『林業構造問題研究』（日本林業調査会、2015年）など。

[著者|縦ログ構法研究会]

板垣直行（いたがき・なおゆき）

秋田県立大学教授[木質材料・構造]

1968年静岡県生まれ。1992年東北大学建築学科卒業。1994年同大学大学院修士課程修了。1995年同大学大学院博士後期課程退学後、東北大学工学部助手に就任。2000年秋田県立大学講師就任。2015年より同大学教授。博士（工学）。
主な共著書：『木質構造部材・接合部の変形と破壊』（日本建築学会、2018）、『木質構造基礎理論』（日本建築学会、2010）、『木質構造接合部設計マニュアル』（日本建築学会、2009）など。
主な受賞：日本建築学会・優秀修士論文賞（1994年）、IASS・Tsuboi Award（2005年）など。

浦部智義（うらべ・ともよし）

日本大学教授[建築・施設・地域計画]

1969年大阪府生まれ。1995年東京電機大学工学部建築学科卒業。同大学非常勤講師、日本学術振興会特別研究員などを

経て、2005年日本大学講師。10年准教授。18年より現職。博士（工学）。

主な作品:《ロハスの家3》(2011年)、《地形舞台》(2014年)、《希望ヶ丘プロジェクト》(2015年)など。

主な著書:『音楽空間への誘い——コンサートホールの楽しみ』(鹿島出版会、2002年)、『建築計画を学ぶ』(理工図書、2005・2013年)、『劇場空間への誘い——ドラマチック・シアターの楽しみ』(鹿島出版会、2010年)、『木造仮設住宅群——3.11からはじまったある建築の記録』(ポット出版、2011年)など。

主な受賞:日本建築学会奨励賞(2002年)、パッシブデザインコンペ大賞(2011年)、グッドデザイン賞金賞(2012年)、東北建築作品賞(2014年)、福島県建築文化賞復興賞(2014年)など。

遠藤政樹 (えんどう・まさき)

建築家／EDH遠藤設計室 代表／
千葉工業大学教授[建築意匠]

1963年東京都生まれ。1987年東京理科大学建築学科卒業。1989年同大学大学院修士課程修了。1989–94年難波和彦＋界工作舎を経て、1994年EDH遠藤設計室設立。2008年千葉工業大学准教授就任。2013年より同大学教授。

主な作品:《ナチュラルシェルター》(1999年)、《ナチュラルエリップス》(2002年)、《ナチュラルバッチ》(2007年)、《ナチュラルイルミナンスⅡ》(2011年)など。

主な著書:『住宅の空間原論』(彰国社、2011年)、『ブータン伝統住居Ⅰ・Ⅱ・Ⅲ・Ⅳ』(ADP、2010年)、『建築のリテラシー』(彰国社、2018年)など。

主な受賞:新建築吉岡賞(2000年)、日本建築家協会新人賞(2003年)、日本建築学会作品選奨(2004年)、グッドデザイン賞(2004、2009、2012、2013年)など。

難波和彦 (なんば・かずひこ)

建築家／難波和彦・界工作舎 代表／NPO法人
福島住まい・まちづくりネットワーク 理事長

1947年大阪府生まれ。1969年東京大学建築学科卒業。1974年同大学大学院博士課程修了。1977年界工作舎設立。2000年大阪市立大学建築学科教授就任。2003年東京大学大学院建築学専攻教授就任。2010年東京大学名誉教授。現在、放送大学客員教授。工学博士。

主な作品:《直島幼児学園》(1974年)、《箱の家シリーズ》(1995–2017年)、《MUJIHOUSE》(2002年)、《浅草二天門消防支署》(2006年)、《KAMAISHIの箱》(2011年)など。

主な著書:『箱の家——エコハウスをめざして』(NTT出版、2006年)、『建築の4層構造』(LIXIL出版、2009年)、『メタル建築史』(鹿島出版会、2016年)など。

主な受賞:新建築吉岡賞(1995年)、住宅建築賞(1995年)、東京建築賞(1995年)、JIA 環境建築賞(2004年)、日本建築学会賞業績賞(2014年)など。

芳賀沼 整 (はがぬま・せい)

建築家／はりゅうウッドスタジオ 取締役

1958年福島県生まれ。1999年東京理科大学工学部二部建築工学科卒業。2002年東北大学大学院修士課程修了。2006年はりゅうウッドスタジオ設立。2015年東北大学大学院博士(工学)取得。

主な作品:《家業(柏屋)》(2003年)、《都市計画の家Ⅱ》(近江隆との共同設計、2003年)、《馬絹釜》(2001年)、《部屋の家・針生の箱2》(2017年)、《逆戻しの家》(2017年)など。

主な受賞:東北建築賞作品賞(2004年)、福島県建築文化賞準賞(2004年)・特別部門賞(2007年)、日本建築学会作品選集(2004年・2016年)、「真の日本の住まい」経済産業大臣賞(2006年)、JIA 優秀建築選(2006年)など。

主な論文:東北大学博士論文『住宅共有システムとしての木造仮設住宅の可能性』(2015年)など。

[制作｜縦ログ構法研究会]

滑田崇志 (なめだ・たかし)

建築家／はりゅうウッドスタジオ 代表取締役

1980年徳島県生まれ。2002年東北大学建築学科卒業。2005年同大学院修士課程修了。2006年はりゅうウッドスタジオ入社。2006年同代表取締役。2014年より日本大学工学部建築学科客員研究員。

主な作品:《つちかまくらの家》(プロジェクト、滑田光・芳賀沼整と共同設計、2010年)、《はりゅうの箱》(滑田光・芳賀沼整と共同設計、2015年)など。

主な受賞:SDレビュー入選(2010年)、日本建築学会作品選集新人賞(2016年)など。

クレジットリスト

網野禎昭　p.123–125, 141, 151

板垣直行　p.110–111, 143

新建築社　p.016上, 050–052, 055–057, 060–061, 064, 072–073, 074下, 076–080

照内スタジオ　p.058–059, 063, 146左

はりゅうウッドスタジオ　p.006, 016下, 017–018, 020, 024–026, 027上2点, 041下4点, 042–043, 053, 062, 074上, 083, 089, 092, 114–115 116, 121, 127, 129, 133–134, 147

藤塚光政　p.002, 008–009, 027下, 028, 030, 032, 034–039, 041上, 045–049, 066–067. 069–071, 084, 139, 146右, 148

フリックスタジオ　p.136–137

縦ログ構法の世界
森・まち・産業を支える新しい建築のつくり方

2018年9月5日　初版第1刷発行

編者　縦ログ構法研究会
著者　網野禎昭
　　　五十嵐太郎
　　　板垣直行
　　　浦部智義
　　　遠藤政樹
　　　田口雅一
　　　難波和彦
　　　芳賀沼 整
　　　餅田治之
制作　滑田崇志＋はりゅうウッドスタジオ
編集　高木伸哉＋山道雄太［フリックスタジオ］
　　　和田隆介
デザイン　大西隆介＋楢元勇季［direction Q］

発行人　馬場栄一
発行所　株式会社 建築資料研究社
　　　　〒171-0014 東京都豊島区池袋2-38-2-4F
　　　　TEL 03-3986-3239　FAX 03-3987-3256
　　　　http://www2.ksknet.co.jp/book/
印刷・製本　図書印刷株式会社